Suzanne Szasz/
Elizabeth Taleporos

Körpersprache unter Geschwistern

Suzanne Szasz/
Elizabeth Taleporos

Körpersprache unter Geschwistern

Wie Eltern
ihre Kinder besser
verstehen können

Vorwort von
Dr. Benjamin
Spock

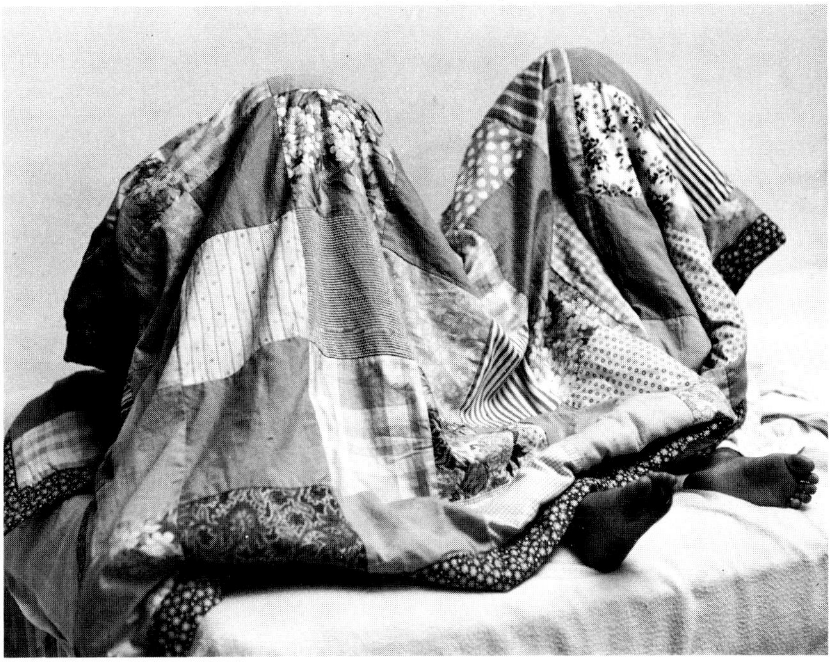

Gustav Lübbe Verlag

Aus dem Amerikanischen von Christiane Landgrebe

Titel der Originalausgabe: Sisters, Brothers, and Others
Originalverlag: W. W. Norton & Company, New York

by arrangement with Photo Researchers, Inc., New York/ New Eyes, Foto-, Film- und Textagentur GmbH, Hamburg
Umschlagentwurf: Manfred Peters, Köln, unter Verwendung von Fotos von Suzanne Szasz

Satz: Textverarbeitung Jung, Lahnau
Druck und Einband: Friedrich Pustet, Regensburg

Printed in West Germany
ISBN 3-7857-0392-9

Danksagung

Allen, die uns beim Zustandekommen dieses Buchs in irgendeiner Weise geholfen haben, möchten wir an dieser Stelle danken.
Unser besonderer Dank gilt dem Lektor der amerikanischen Ausgabe, James Mairs, der von der Buchidee fasziniert war und viel Mühe auf die Realisierung dieses Projekts verwandt hat;
Hermann Strohbach für das gelungene Layout, durch das die Fotos so gut zur Geltung kommen;
ferner Peter Schults für seine Begeisterung und zahlreiche Anregungen
und last but not least:
allen Kindern und Eltern, von denen dieses Buch erzählt.
Wir danken ihnen dafür, daß sie uns ihre Gefühle so offen gezeigt haben und daß wir davon berichten durften.

Alle Fotos wurden von Suzanne Szasz aufgenommen.

Inhalt

7 *Vorwort von Dr. Benjamin Spock*

9 *Einführung*

13 *Die Geburt eines neuen Kindes*

15 Neugier
17 Erste Begegnungen
21 Eifersucht
26 Umgang mit regressivem Verhalten
30 Familie Parson
38 Familie Smith

45 *Streit zwischen Kindern*

45 Streit um Besitztümer
60 Handgreiflichkeiten
66 Toben
72 Kinder kämpfen um die Aufmerksamkeit ihrer Eltern

77 *Zuneigung*

80 Wie Kinder Liebe zeigen
82 Wenn Kinder einander trösten
89 Spielen
94 Kinder lernen voneinander

107 *Von Einzelkindern, Halbgeschwistern, Adoptivkindern und Zwillingen*

125 *Altersunterschiede zwischen Geschwistern*

137 Zwei Jahre Altersunterschied in verschiedenen Altersstufen
141 Differenzen überwinden

145 *Die Geschichte von Aram und Zoe*

147 Die ersten Wochen
157 Das erste Jahr

Vorwort von Dr. Benjamin Spock

Suzanne Szasz und Elizabeth Taleporos gelingt es auf überraschende und zugleich eindringliche Weise, Eltern neue Erkenntnisse über ihre Kinder zu vermitteln. In Wort und Bild zeigen sie, wie intensiv Beziehungen zwischen Kindern untereinander und zwischen Kindern und ihren Eltern in allen Bereichen des Gefühlslebens sind – egal, ob es sich dabei um Eifersucht, Freude, Ärger und Wut, um Heiterkeit oder Zuneigung handelt. Eltern wird beim aufmerksamen Betrachten dieses Buches mit einem Mal zu Bewußtsein kommen, in welch hohem Maß die Einstellung, die ihre Kinder als Erwachsene zum Leben haben werden, sich im täglichen Lebensvollzug herausbildet. Obwohl Väter und Mütter an diesem Prozeß maßgeblich beteiligt sind, werden sie – ebenso wie ich – immer wieder feststellen, daß sie diesen überaus wichtigen Vorgängen, die sich Tag für Tag sozusagen vor ihren Augen abspielen, bisher nicht genügend Aufmerksamkeit geschenkt haben. Schließlich gibt es ständig irgendwelche, scheinbar vordringlichere Aufgaben zu erledigen: Streit zwischen den Kindern zu schlichten, das Essen auf dem Herd nicht anbrennen zu lassen oder Telefongespräche zu führen.

Ich habe durch dieses Buch gelernt, genauer auf all das zu achten, was in Kindern vorgeht, und so ein größeres Gespür für ihre seelischen Bedürfnisse zu entwickeln. Man muß die Zeit, in der sie noch zu Hause sind, viel bewußter genießen. Denn nur zu bald werden sie ihre eigenen Wege gehen.

Die Fotos und der Text dieses Bandes haben mich tief beeindruckt. Die Autorinnen wissen sehr genau um die Gefühle, die Kinder in bestimmten Altersstufen entwickeln; darüber hinaus haben sie ein feines Gespür für die besonderen psychischen Belastungen, denen Kinder immer wieder ausgesetzt sind. Suzanne Szasz und Elizabeth Taleporos haben zahlreiche Szenen zwischen Geschwistern festgehalten, die nicht nur fesselnd anzuschauen, sondern auch überaus aufschlußreich sind.

Bei keinem der Bilder entsteht übrigens der Eindruck, als habe Suzanne an ihrem Zustandekommen mitgewirkt. Die Kinder erscheinen stets sehr gelöst und natürlich, ob sie nun lachen oder wütend sind, so daß man nie auf die Idee kommt, ein Erwachsener halte sich in ihrer Nähe auf. Suzannes Einfühlungsvermögen in die kindliche Psyche ist so groß, daß sie schon im voraus ahnt, was sich zwischen den Kindern abspielen wird. Diese Gabe ermöglicht es ihr, bestimmte Ereignisse im richtigen Augenblick mit der Kamera festzuhalten. Dabei achtet sie immer auf die Eigenständigkeit kindlichen Handelns. Sie gibt den Kindern keine Anweisungen oder Verhaltensmaßregeln, wie es sonst meist geschieht, wenn man Fotos von Kindern macht, sondern überläßt sie ganz sich selbst. Suzanne hält sich vollkommen im Hintergrund, so daß die Kinder ihre Anwesenheit schnell vergessen. Im Gegensatz dazu fühlen sich viele Erwachsene auf Grund ihrer Erziehung bemüßigt, sich immer um alles zu kümmern. Dadurch ziehen sie aber die allgemeine Aufmerksamkeit nur auf sich und beeinträchtigen gleichzeitig die Natürlichkeit und Unbefangenheit der Kinder. Am meisten war ich jedoch von Suzannes Geduld beeindruckt. Ich kann mir gut vorstellen, daß es oft Stunden gedauert hat, bis sich manche der wahrhaft dramatischen Szenen ergaben, die sie aufgenommen hat.

Jeder Betrachter dieses Buches wird das eine oder andere Bild besonders gerne mögen. Mir haben folgende Aufnahmen am besten gefallen: Der unglückliche kleine Junge, der sich in die Sofaecke kauert und sich die Augen zuhält, um nicht mit ansehen zu müssen, wie seine Mutter das Geschwisterchen füttert (S. 21); oder jener Vierjährige, der so verlassen und traurig dreinschaut, weil sein älterer Bruder sich demonstrativ nur noch um das Neugeborene kümmert (S. 18). Hierin äußert sich übrigens auf ganz signifikante

Eleanor mit ihren beiden Kindern: nach der Geburt von Austene (links) und vierzehn Jahre später (rechts).

Weise das Los des mittleren von drei Kindern: Es kann nie mit dem größeren mithalten und wird bei der Geburt des dritten Kindes aus der angenehmen Rolle des Nesthäkchens herausgedrängt. Dann gefällt mir auch noch das Bild, auf dem die zweijährige Chrissy an ihrer Flasche saugt und gleichzeitig ihre Mutter, die sich ganz auf das Baby konzentriert, aus den Augenwinkeln beobachtet (S. 126). Schließlich die kleine, freche Minty, der es nicht gelingt, die Aufmerksamkeit der Mutter auf sich zu lenken, und die – sozusagen als Strafe – den Inhalt der Handtasche ihrer Mutter ausleert (S. 22). Sehr schön finde ich auch das Foto von Kerry, die trotz ihrer elf Jahre schon so reif und verständnisvoll wie eine Erwachsene wirkt, als sie ihre kleine Schwester Kathy tröstet (S. 131); für ein besonders gelungenes Beispiel geschwisterlicher Liebe, das mich tief berührt hat, halte ich die drei Bilder, auf denen Laura Claire das Malen beibringt (S. 96f.). Wie lustig sind die drei Schwestern, die sich vor Lachen kaum halten können (S. 114); oder wie nahe geht einem das Bild von der fünfjährigen Joelle, die sich ausgeschlossen fühlt, wenn ihre Mutter das Baby stillt (S. 130)? Und wer könnte sich nicht in die Lage von Tad versetzen, der schadenfroh lächelt, als seine Schwester Marguerite wütend aufschreit, weil sie von ihm nicht bekommt, was sie unbedingt haben will (S. 48)?
Aus all diesen Bildern können wir eine ganze Menge über Kinder lernen – aber auch über uns selbst.

Einführung

Über die Bedeutung der Rolle, die Eltern im Leben des einzelnen spielen, gibt es keine Zweifel; darüber gerät aber nur zu häufig in Vergessenheit, daß auch Brüder und Schwestern einen entscheidenden Einfluß auf die Entwicklung eines Menschen haben, selbst wenn die Beziehungen zwischen Geschwistern einem ständigen Wandel unterliegen.

Dies läßt sich besonders gut an der Geschichte von Peter und Mary veranschaulichen. Der dreijährige Peter benahm sich gegenüber seiner kleineren Schwester immer so, daß er ihr wie ein Berserker vorkommen mußte. Ständig versuchte er, ihr Angst einzuflößen. Nur wenige Monate später entdeckte Peter jedoch, daß sich Mary, die er zunächst haßte, weil sie ihm, wie er meinte, die Eltern wegnahm, als ein recht brauchbarer Spielkamerad entpuppte. Er spielte gern mit ihr und genoß es, dabei der Anführer zu sein.

Doch die Zeit verging schnell, und Peter kam zur Schule. Der Altersunterschied zwischen ihm und seiner Schwester machte sich jetzt deutlich bemerkbar. Es dauerte jedoch nicht lange, und Mary hatte ihren Bruder wieder eingeholt. Peter und seine Freunde ließen sie oft mitspielen; darüber hinaus hatten die beiden Geschwister eine ganze Reihe gemeinsamer Interessen.

Inzwischen sind Peter und Mary im Teenager-Alter, und voraussichtlich werden sie in diesen Jahren nicht allzuoft Streit miteinander haben. Selbst wenn sich Konflikte zwischen ihnen ergeben sollten, wissen beide doch, daß diese ihrer guten Beziehung und ihrem gegenseitigen Verständnis nichts anhaben können.

Nicht alle Geschwister kommen jedoch so gut miteinander zurecht wie Peter und Mary. Zwischen Schwestern können Gefühle der Eifersucht so stark ausgeprägt sein, daß eine von ihnen zum Beispiel später als Frau verbittert und unglücklich ist; der älteren Schwester hingegen, die die jüngere immer zu übertreffen suchte, wird im Leben alles gelingen, da sie keine Mittel und Wege scheut, um zum Erfolg zu gelangen. Auf der anderen Seite wird es Mädchen, die einen verständnisvollen älteren Bruder hatten, nicht schwerfallen, als verheiratete Frauen liebevoll und freundschaftlich mit ihrem Ehemann umzugehen; andere, die oft Streit mit ihrem Bruder hatten, werden nur in den seltensten Fällen in der Lage sein, später mit einem Partner in Harmonie und Frieden zusammenzuleben.

In Familien mit mehreren Kindern herrschen häufig versteckte Rivalitäten und Feindseligkeiten, die selbst dann noch fortbestehen, wenn diese Kinder erwachsen sind. Oft sind sie geradezu erschrocken, wenn sie als Erwachsene darauf stoßen, doch kann eine solche Erkenntnis mitunter einen heilsamen Schock bedeuten.

Schon in der frühesten Kindheit werden Gefühle sowohl positiver wie negativer Art herangebildet. Im Zusammenleben der Geschwister wird der Grundstein dafür gelegt, wie Kinder als Erwachsene andere Menschen behandeln.

Welche Eltern wünschen sich deshalb nicht, daß ihre Kinder gut miteinander auskommen, sich gern mögen oder sich zumindest nicht ablehnen? Manche Eltern planen deshalb die Geburten ihrer Kinder in relativ kurzen Abständen, weil sie hoffen, daß ihre Kinder auf Grund des geringen Altersunterschiedes gute Freunde werden. Andere wiederum bekommen ihre Kinder im Abstand von zwei und mehr Jahren, weil sie sichergehen wollen, daß jedes der Kinder die elterliche Zuneigung und Fürsorge intensiv genug erleben kann, bevor ein weiteres Kind zur Welt kommt. Natürlich gibt es auch Kinder, deren Geburt nicht geplant war. Dann kann es passieren, daß Eltern für zwei Kinder, die nur zehn Monate auseinanderliegen, oder – im entgegengesetzten Fall – für Kinder, bei denen der Altersunterschied zwölf oder mehr Jahre beträgt, sorgen müssen, was sicher beides nicht einfach ist.

Oft sind sich Eltern nicht schlüssig

Chris und Peggy verstanden sich als Kinder im Alter von vier und sechs Jahren bestens. Auch heute – dreiundzwanzig Jahre später – sind sie noch Freundinnen.

darüber, in welchem Maße sie sich um die Beziehung ihrer Kinder untereinander kümmern sollen. In diesem Zusammenhang taucht dann immer eine ganze Reihe von Fragen auf: Ist es richtig, bei Streit vermittelnd einzugreifen? Sollen die Kinder zum Teilen angehalten werden? Wie reagiert das ältere Kind, wenn es ein Brüderchen oder Schwesterchen bekommt? Werden sie beide Kinder gleichermaßen lieben? Stellt die Geburt eines weiteren Kindes die Familie vor finanzielle Probleme? Und schließlich: Wie können sie dafür sorgen, daß Zuneigung und Vertrauen das Leben der Kinder bestimmen? Auf all diese Fragen gibt es unzählige Antworten, die die Eltern sich selbst geben müssen. Es gibt in dem Sinne keine richtigen oder falschen Antworten, vielmehr muß jeder auf seine Weise eine Lösung finden.
Wir haben versucht, in diesem Buch eine Vielzahl solcher Probleme darzustellen; gleichzeitig war es unser Anliegen zu zeigen, wie von solchen Schwierigkeiten und Fragen betroffene Eltern mit ihnen fertig geworden sind. Vielleicht werden Sie das eine oder andere Problem, das Sie gerade beschäftigt, in diesem Buch wiederfinden und eine Anregung zu seiner Lösung bekommen.

Auf dem linken Bild ist die kleine Gaye ein Jahr alt und versucht, ihrer fünfjährigen Schwester Gini auf den Schoß zu klettern. Wie verloren und traurig sie dreinschaut! Inzwischen sind die beiden Mädchen herangewachsen, und sie verbindet eine echte Freundschaft.

Die Geburt eines neuen Kindes

Entgegen der landläufig verbreiteten Meinung, Liebe unter Geschwistern entstehe spontan und sei sozusagen selbstverständlich, sind Neugeborene für ihre Geschwister zunächst Fremde. Außerdem sehen sie in vielen Fällen nicht besonders schön aus, wenn sie auf die Welt kommen, denn durch den Geburtsvorgang haben sie oft einen verformten Kopf und Blutergüsse oder Druckstellen. Und ihre Haut ist nicht selten gelblich, was von der Neugeborenengelbsucht herrührt. Wie abstoßend aber sieht die Nabelschnur erst aus!
Mit einem Neugeborenen können die Geschwister zunächst überhaupt nichts anfangen. Wenn es nicht schreit, schläft es, und ist es dann einmal wach, zieht es die volle Aufmerksamkeit der Eltern auf sich, da es sehr häufig gewickelt und versorgt werden muß.
Ein Baby ist für die größeren Geschwister, die sich vor seiner Geburt auf einen kleinen Spielgefährten gefreut haben, der sie anlächelt und einfach lustig ist, eine große Enttäuschung. Zu allem Überfluß sagen die Erwachsenen dann auch immer noch: »Schau dir nur das süße kleine Baby an, ist es nicht entzückend? Das muß man doch einfach liebhaben!« Warum sagen sie das nur? Und was dieses Baby alles geschenkt bekommt, womit es eigentlich ja noch gar nichts anfangen kann! So manches ältere Geschwisterkind wird dann bei sich denken: »Ich kann doch aber schon viel mehr, ich kann laufen, sprechen und lieb sein.«
Nach einiger Zeit normalisiert sich jedoch das Familienleben wieder. Das Baby steht nun nicht mehr so im Mittelpunkt des Geschehens wie in der Zeit kurz nach der Geburt, und die anderen Kinder kommen dadurch wieder stärker zu ihrem Recht.
Inzwischen ist das Baby auch interessanter geworden. Mit wenigen Monaten schon zeigt es deutlich, was es empfindet. Das erste Lächeln entlockt ihm oft eines seiner Geschwister. Dann lernt das Baby lachen, und mit der Zeit wird es auch immer ansehnlicher. Nach einem halben Jahr kann es meist schon sitzen und beginnt, selbst zu spielen, so daß die Geschwister bereits eine Menge mit ihm anfangen können.
Da die Ankunft eines neuen Kindes für alle Familienmitglieder eine besondere seelische Belastung darstellt, ist es wichtig, gleich in den ersten Wochen und Monaten für eine harmonische und ausgeglichene Atmosphäre zu sorgen, damit es die Kinder von vornherein leichter haben, ein gutes Verhältnis zueinander zu entwickeln. Sicher kann man das nicht erzwingen, doch können Eltern einiges dafür tun, daß es gelingt.
Vor allem müssen Eltern die größeren Kinder mit dem Baby vertraut machen und ihnen zu Bewußtsein bringen, daß es kein Spielzeug ist, sondern daß man es vorsichtig behandeln muß.
Darüber hinaus sollten die Eltern auch die ersten Spiele ein wenig überwachen, damit sich die Geschwister nicht gegenseitig weh tun. Denn nicht nur größere Kinder können leicht etwas grob werden, auch ein Baby kann einen Bruder oder eine Schwester ganz unvermittelt an den Haaren ziehen oder in den Finger beißen und damit sehr erschrecken.
Umgekehrt können Kinder nicht immer richtig einschätzen, wie empfindlich Babys sind, und manchmal lassen sie an ihnen ihre – sehr verständlichen – Konkurrenzgefühle aus.
In welchem Maße Eltern bei den Spielen der Kinder schlichtend eingreifen sollten, ist eine Frage des Fingerspitzengefühls. Im Laufe der Zeit entwickeln sie aber schon das richtige Gespür dafür, wie sie den Kindern am besten dabei helfen, gut miteinander zurechtzukommen.

Bild links: Fünf Jahre lang war Elizabeth das Nesthäkchen; eines Tages erzählt ihr ihre Mutter, daß sie einen kleinen Bruder oder ein Schwesterchen bekommt. Wie sie die Nachricht wohl aufnehmen wird? Ob sie traurig ist? Oder wird sie sich freuen, endlich nicht mehr als Küken behandelt zu werden, über das sich die anderen immer lustig machen?

Neugier

Ein Neugeborenes ist für die meisten Kinder ein aufregendes Erlebnis: Es ist so ungeheuer klein und hat im Vergleich zu ihnen ganz winzige Hände und Füße! Auch die Genitalien des Babys interessieren die größeren Kinder, vor allem dann, wenn es nicht das gleiche Geschlecht hat. Die meisten Eltern lassen die Geschwister so viel wie möglich beim Baden, Wickeln und Füttern zusehen. So haben sie ausreichend Gelegenheit, Unterschiede zwischen sich und dem Baby herauszufinden und festzustellen, wieviel größer sie selbst schon sind.

Als die kleine Pegge geboren wurde, waren Howard vier und Chris zwei Jahre alt. Sie wollten alles über das Baby wissen und beobachteten es stundenlang.

Der vierjährige Morgan durfte von Anfang an dabeisein, wenn seine Mutter die kleine Schwester versorgte. Er schaute zu, wenn sie das Baby badete und fütterte, sein Bäuerchen machen ließ und liebkoste, er stellte tausend Fragen und aß ein Knäckebrot nach dem anderen. Morgan war froh, daß das Baby noch viel schlafen mußte, denn so hatte seine Mutter auch noch Zeit für ihn.

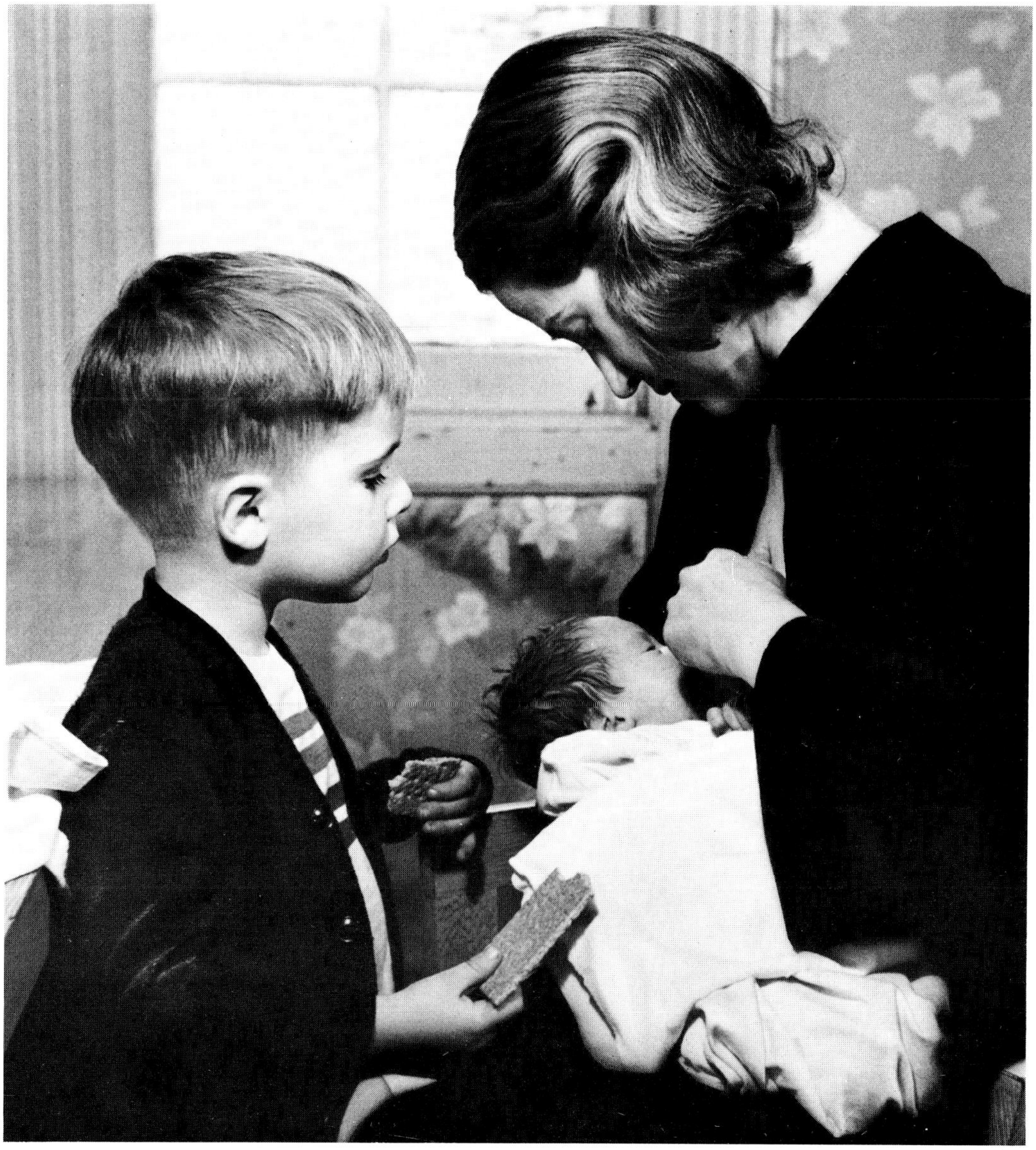

Herrlich so ein kleiner Babyfuß, der unter der Decke hervorschaut. Die dreijährige Minty muß ihn immer wieder anfassen. Das macht Spaß!

Morgens steht Andrew immer ganz früh auf und macht seiner sechs Monate alten Schwester einen Besuch. Die Eltern achten jedoch darauf, daß er ihr nicht weh tut.

Erste Begegnungen

Gerade die ersten Erfahrungen, die Kinder miteinander machen, können großen Einfluß darauf haben, wie sie später als Erwachsene mit anderen Menschen zurechtkommen.
Eine große Zahl von Eltern bereitet heutzutage ihr Kind auf die Geburt eines Geschwisterchens vor. Sie erklären ihm, was eine Schwangerschaft ist, richten mit ihm zusammen das Babyzimmer ein und helfen ihm, sich auf die neue Situation einzustellen. Sie verlangen auch nicht mehr von dem größeren Kind, daß es das Baby auf Anhieb gerne hat.
Suzanne hat folgendes erlebt, als ihre Schwester geboren wurde: »Ich war damals vier Jahre alt und versuchte, dem Baby auf jede mögliche Weise weh zu tun – zum Glück ohne Erfolg. Erst viel später wurden wir gute Freunde. Ich weiß noch genau, wie schwer es mir fiel, meinen Kummer und meine Eifersucht zu verbergen, und daß ich kein Mittel unversucht ließ, die Aufmerksamkeit meiner Eltern auf mich zu lenken. Nach außen war ich ein Musterkind, immer höflich und freundlich. Im Innern aber war ich recht verbittert. Ich glaube, daß mich nichts mehr geprägt hat als diese Erfahrung.«

Der dreijährige Billy wollte seinen kleinen Bruder Nat gerne im Arm halten; vorsichtig stützt er ihm den Kopf. Es ist ganz schön schwer, so ein Baby festzuhalten, denkt er sich und ist froh, als ihm die Mutter diese Last wieder abnimmt.

Vom Umgang mit einem Neugeborenen

Vor der Geburt des zweiten Kindes genießt das erstgeborene die ungeteilte Zuneigung seiner Eltern. Wenn das Baby da ist, ändert sich das grundlegend. Nun muß es die elterliche Aufmerksamkeit mit dem Geschwisterchen teilen.
Viele Kinder reagieren darauf mit Eifersucht und versuchen auf jede erdenkliche Weise, die Eltern auf sich aufmerksam zu machen. Sie werden entweder aggressiv oder benehmen sich wie Kleinkinder oder geben sich besondere Mühe, zum Beispiel durch gute Noten in der Schule aufzufallen.
Für Eltern ist es oft nicht einfach, mit diesem Verhalten ihrer älteren Kinder richtig umzugehen, da sie meistens in ungünstigen Augenblicken damit konfrontiert werden: Gerade hat die Mutter begonnen, das Baby zu füttern, da bekommt der große Bruder Durst; und wenn sie das Baby wickelt, geht der Schwester das Spielzeug kaputt, mit dem sie doch gerade noch so schön gespielt hat.
Manche Eltern stellen sich von vornherein auf solche Situationen ein und können deshalb die Wünsche ihrer Kinder besser befriedigen. Andere wiederum geben dem größeren Kind eine Babypuppe zum »Bemuttern« und rufen es vom Spielen fort, wenn Zeit zum Wickeln oder zum Füttern ist.

Billy ist sieben. Als sein drei Jahre jüngerer Bruder Robert geboren wurde, war er sehr eifersüchtig auf ihn. Jetzt hat er Gelegenheit, sich zu rächen: Er kümmert sich intensiv um das Neugeborene und schließt Robert von dem Geschehen aus, indem er das Baby abgewandt hält. Je mehr Kinder in einer Familie sind, desto mehr Möglichkeiten gibt es auch, sich zusammenzuschließen.

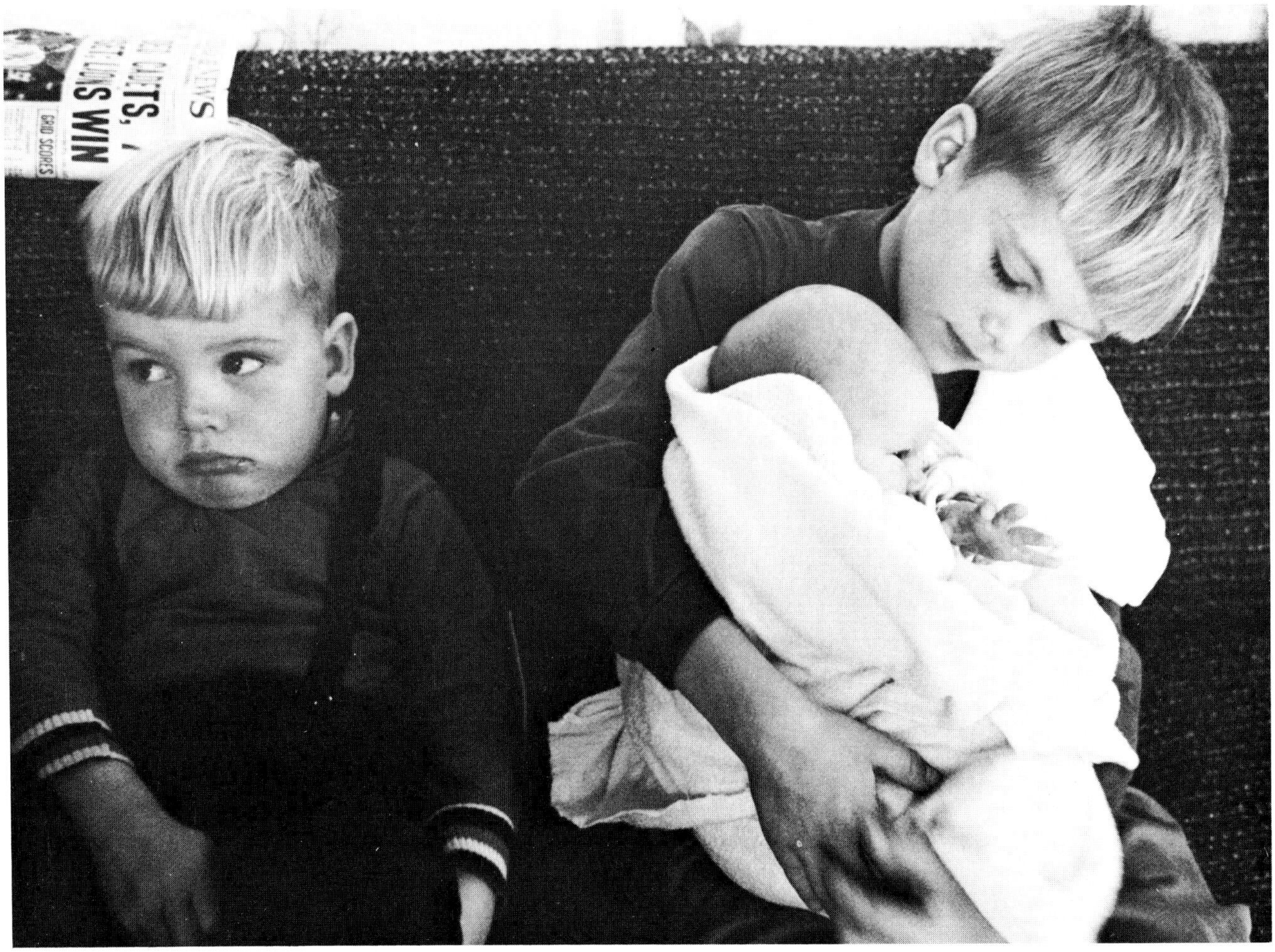

Wenn der vierjährige Chris seine Mutter morgens in der Küche werkeln hört, steht er rasch auf. Geduldig wartet er, bis das Baby sein Fläschchen ausgetrunken hat, denn dann bekommt er sein Frühstück. Es ist manchmal schon schwer, nicht die Geduld zu verlieren, denn den ganzen Tag kümmert sich die Mutter fast ausschließlich um das Baby.

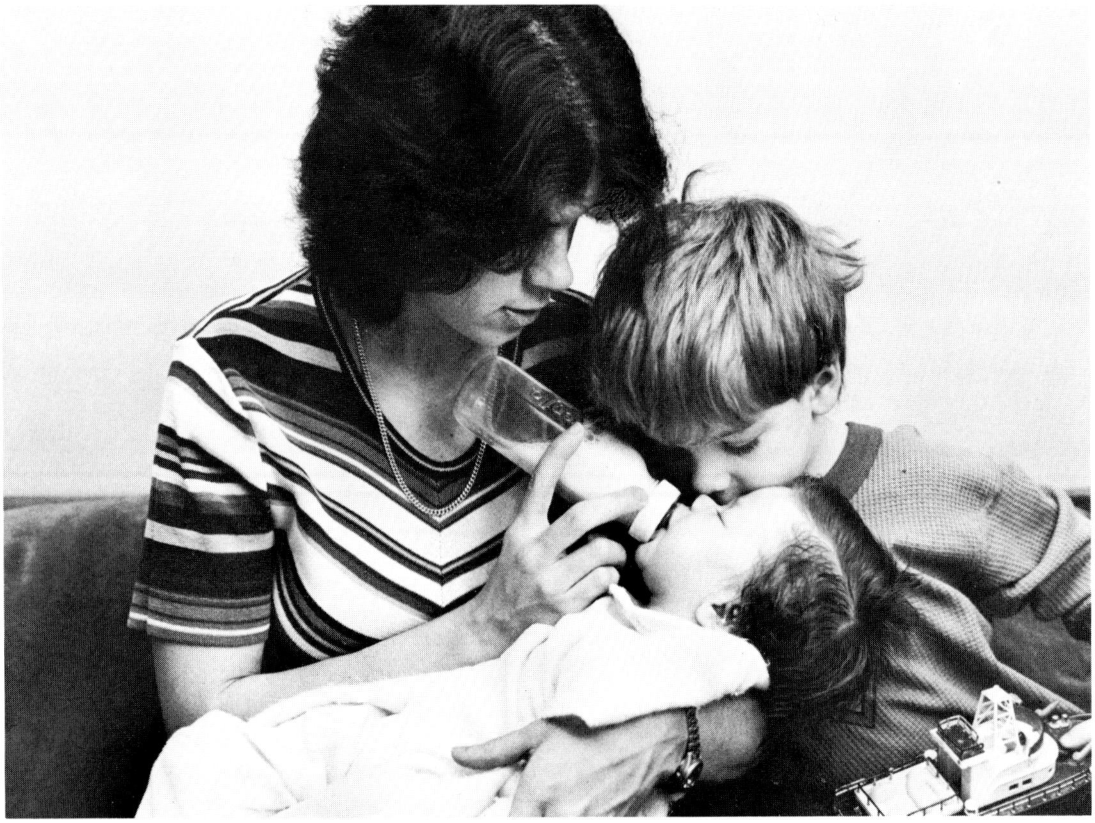

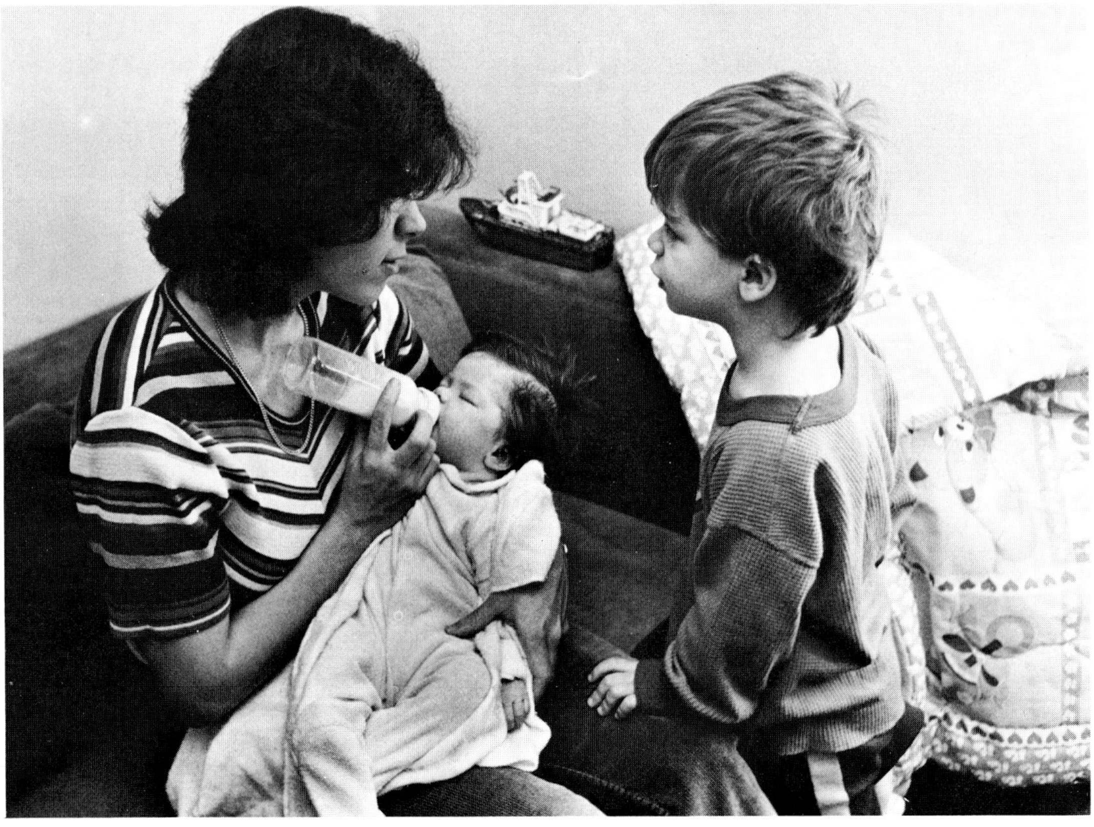

Eifersucht

Zärtlich schmiegt sich der vierjährige Kevin an seine Mutter und küßt das drei Wochen alte Baby Kerri. Aber das Füttern dauert ihm einfach zu lange. Kevin möchte mit seiner Mutter spielen. Geduldig erklärt sie ihm, daß er noch ein wenig warten soll, aber Kevin wird böse. Er will, daß sie sich endlich um ihn kümmert und nicht mehr um das Baby. Das hätte am besten gleich dort bleiben sollen, wo es war!

Schließlich kauert Kevin sich in die Sofaecke und überlegt, was er jetzt tun kann. Ob ich vielleicht doch in den Kindergarten gehen sollte? denkt er sich.

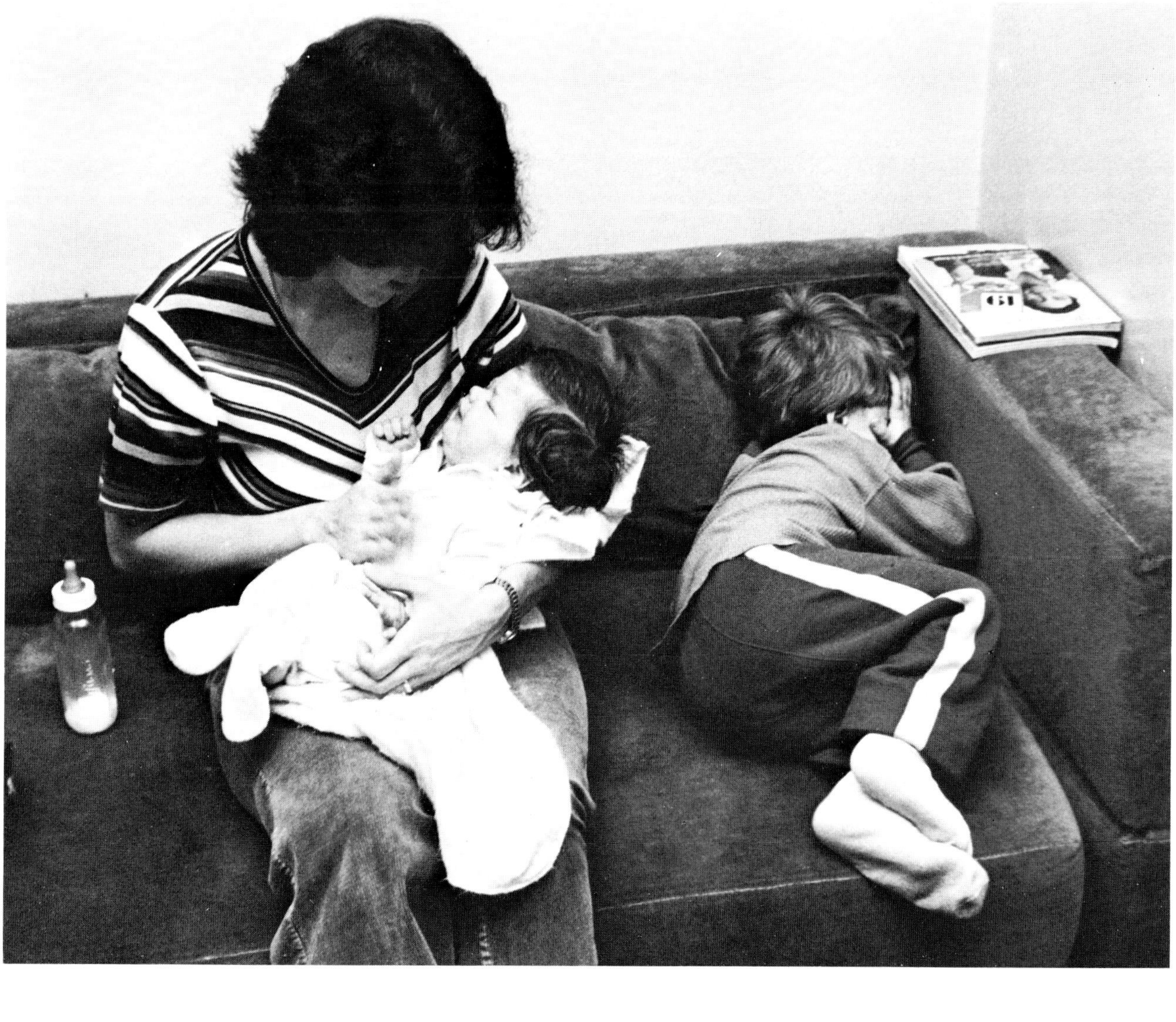

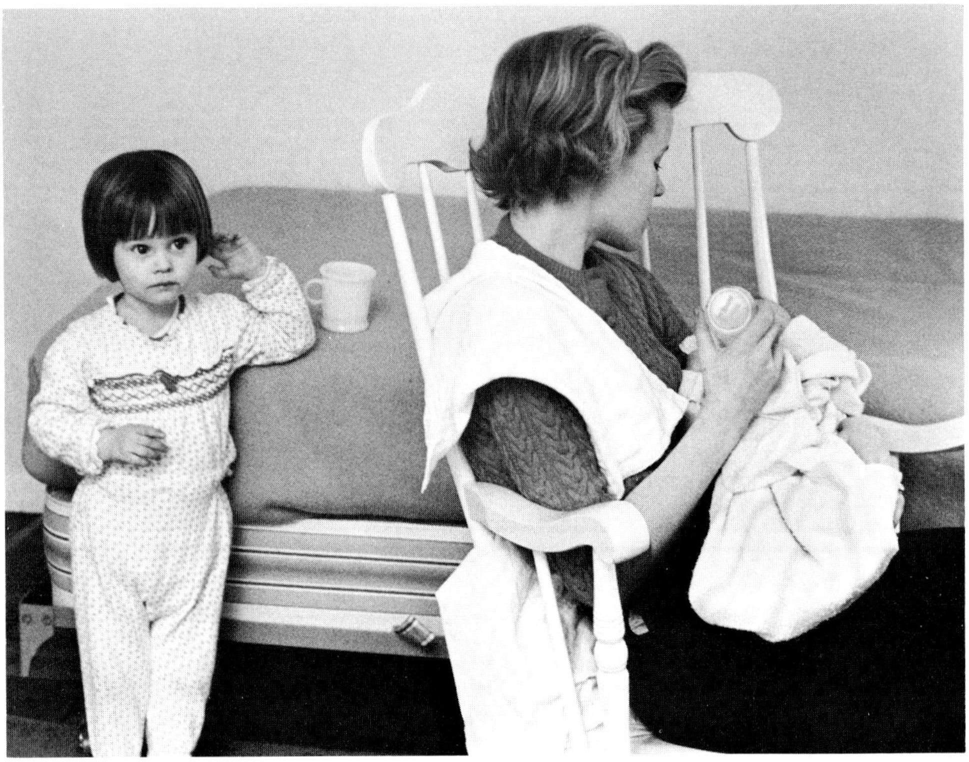

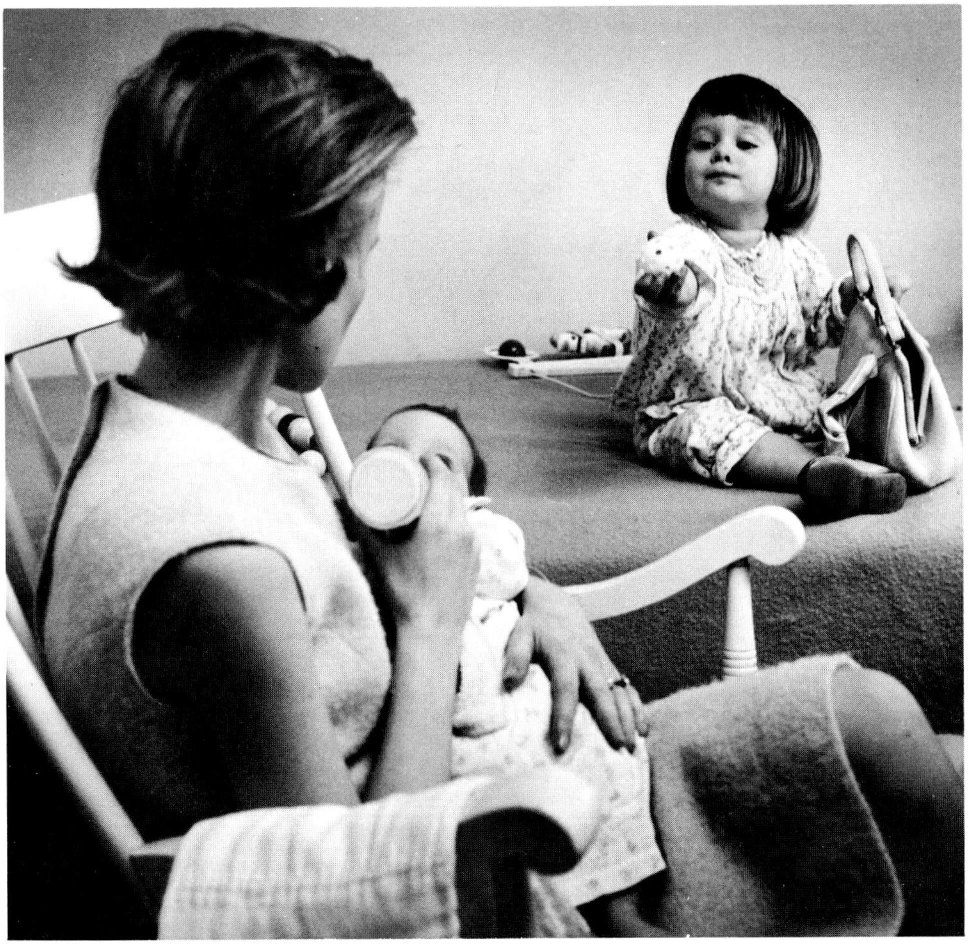

Mit dem Baby um die Wette

Während die Mutter ihr Baby füttert, lauert die dreijährige Minty hinter ihrem Rücken. Als ich anderen Muttern dieses und ähnliche Fotos zeigte, sagten sie übereinstimmend, daß sie sich selten Gedanken darüber gemacht hätten, was in ihrem größeren Kind vorgeht, wenn sie das Baby füttern.

Einem dreijährigen Kind kommt die Zeit, bis ein Baby seine Flasche ausgetrunken hat, unendlich lange vor. Daraufhin wechselt Minty ihre Taktik: Sie klettert aufs Sofa und leert die Handtasche ihrer Mutter aus, in der Hoffnung, sie dadurch von dem Baby abzulenken.

Der Vater spielt mit der vier Monate alten Melissa. Minty hört das fröhliche Glucksen und Lachen und kommt angelaufen, um mitzumachen. Wild tollt sie auf dem Bett herum. Der Vater läßt sie gewähren, hält das Baby aber vorsichtig außer Reichweite.

Wieder wie ein Baby sein

Babys haben alle gern. Immer kümmert man sich um sie. Also muß man sich nur wie ein Baby verhalten, und schon wird man ebenso geliebt.
Fast alle Kinder glauben das, wenn sie eine Weile beobachtet haben, wie ihre Umgebung mit dem Neugeborenen umgeht. Sie nehmen deshalb wieder kleinkindliche Gewohnheiten an, um in derselben Weise behandelt zu werden.
Die meisten Eltern durchschauen dies und machen sich keine allzugroßen Sorgen. Sie gehen auf das Spiel ein, indem sie dem größeren Kind auch eine Flasche und, wenn es will, sogar Windeln geben. Eine solche Phase geht jedoch vorüber. Bald schon kann man die Flasche und die Windeln durch andere, dem Alter des Kindes angemessenere Dinge ersetzen. Oft ist es nützlich, wenn die Großeltern, ein Onkel oder ein Lehrer sich in der kritischen Zeit um das größere Kind kümmern. So kann es leichter zu einem normalen Verhalten zurückfinden.

Morgan möchte wie seine kleine Schwester mit dem Löffel gefüttert werden. Andere Kinder binden ihre Schuhe nicht mehr selbst zu und wollen sich nicht allein anziehen. Manche machen sogar für einige Zeit wieder in die Hose. Morgan ließ sich ein paar Tage lang füttern, dann war er zufrieden und aß wieder selber.

An manchen Tagen lag Morgan stundenlang mit einem Keks in der Hand unter dem Bett seiner Schwester. Er nannte diesen Platz seine »Garage«.
Manchmal legte er sich auch in das Kinderbett und brach in lautes Gelächter aus, wenn er merkte, daß er mit Kopf und Füßen an die Bettenden reichte. Er war stolz, so viel größer zu sein als das Baby.

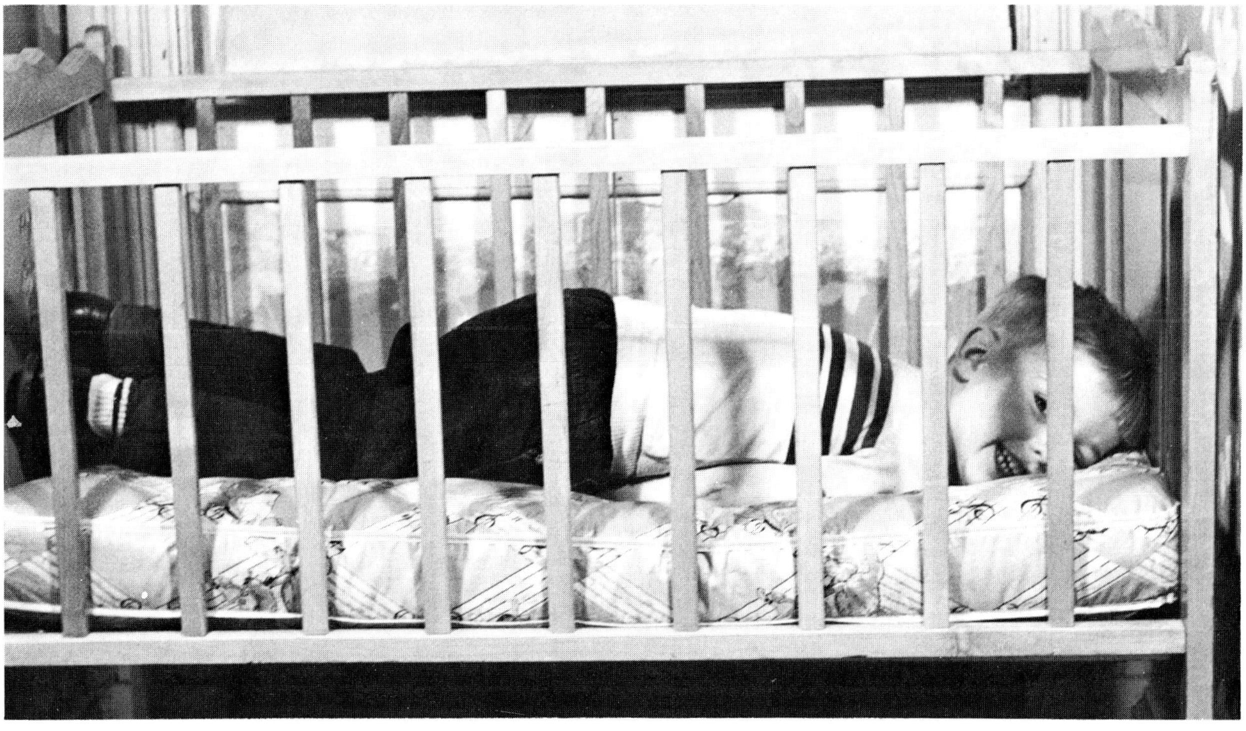

Umgang mit regressivem Verhalten

Seit der Geburt seiner Schwester lutscht Andrew abends, wenn er müde wird, am Daumen und kuschelt sich in seine Lieblingsdecke. Seine Eltern verstehen, daß er wieder klein sein möchte. Um ihm zu helfen, sagen sie ihm, wie schön es ist, daß er in letzter Zeit so gewachsen ist. Andrew freut sich darüber und strahlt.

4

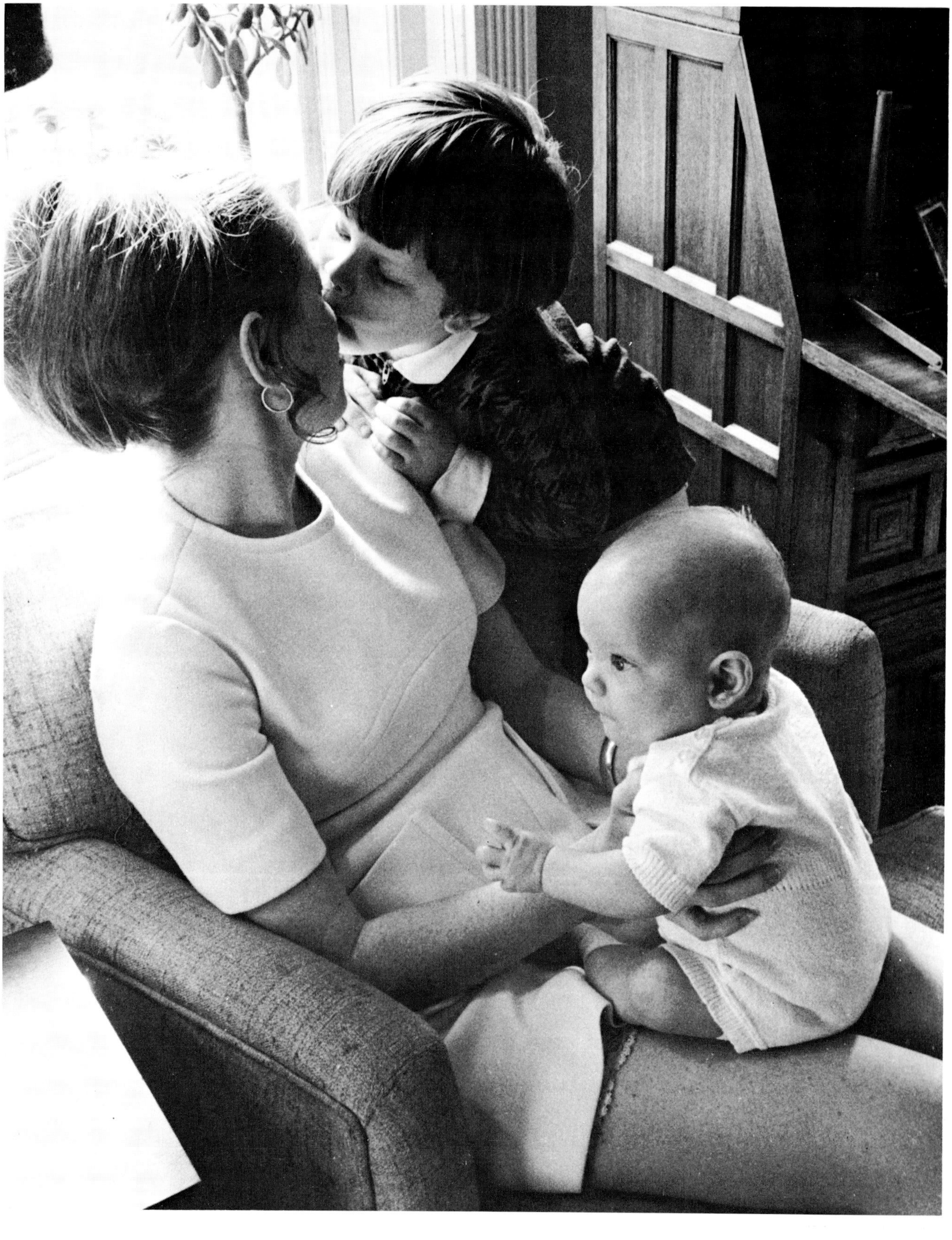

Die Mutter nimmt sich Zeit für Chris

Es ist leichter gesagt als getan, aber es kann geradezu Wunder bei dem größeren Kind bewirken, wenn man sich von Zeit zu Zeit ihm ganz allein widmet und etwas Besonderes mit ihm unternimmt, bei dem das Neugeborene nicht die Hauptrolle spielt. Die Mühe zum Beispiel, einen Ausflug in den Zoo zu machen, lohnt sich auf jeden Fall.

Chris gibt seiner Mutter einen herzhaften Kuß, da sie ihm gerade versprochen hat, am Nachmittag mit ihm auf den Jahrmarkt zu gehen und mit ihm Karussell zu fahren.

Familie Parson

Auf den ersten Blick scheint alles fast zu schön und zu einfach zu sein. Aber die Ankunft eines neuen Kindes kann tatsächlich so harmonisch und problemlos verlaufen wie bei den Parsons. Beide Elternteile arbeiten zu Hause und können sich voll und ganz um ihre drei Töchter kümmern. Die älteste von ihnen, Maya, ist acht Jahre alt, und es war nicht einfach für sie, als zwei Jahre zuvor ihre Schwester Fairley geboren wurde. Dieses Mal ist sie dem Baby gegenüber jedoch aufgeschlossen und hilfsbereit. Maria Parson hatte nach der Geburt ihrer dritten Tochter Caitlin genügend Zeit und Kraft, allen Kindern die notwendige Liebe zu geben. Ihre Mutter kam für mehrere Wochen zu Besuch, um ihr zu helfen.

Die zweijährige Fairley ist ein sonniges und empfindsames Kind. Was mag wohl in ihr vorgehen, als sie sieht, wie ihre vier Tage alte Schwester auf die Liebkosungen ihrer Mutter hin lächelt?

Erste Begegnung mit dem Baby

Als Fairley sich zum ersten Mal der kleinen Schwester nahert, ist sie sehr zurückhaltend. Als ihre Mutter ihr gut zuredet, faßt sie liebevoll nach der kleinen Hand von Caitlin. Das Baby reagiert mit einem Glucksen, und Fairley lacht vor Freude.

Ein Neuankömmling

Der erste Tag mit dem neuen Baby geht zu Ende. Vater, Mutter und die beiden großen Töchter ruhen sich auf dem Sofa im Wohnzimmer aus. Die Großmutter hält das Baby auf dem Arm, weil es ihr viel Freude bereitet. Gleichzeitig gibt sie den Eltern auf diese Weise Gelegenheit, sich mit den beiden Mädchen zu beschäftigen.

Fairley und ihr Vater haben eine sehr enge, liebevolle Beziehung, an der sich auch jetzt nichts ändert, nachdem das Baby zur Welt gekommen ist.

Einige Wochen später sitzen Fairley und Caitlin gemeinsam auf dem Schoß des Vaters. Fairley scheint Caitlin voll akzeptiert zu haben. Sie lächelt, obwohl das Baby sie am Haar zieht.

Der Vater hilft

Maya liest ihrem Vater einen Schulaufsatz vor, während Maria das Baby wickelt. Fairley macht es ihrer Mutter nach und wickelt ihr eigenes »Baby«.

Inzwischen haben sich alle an das Baby gewöhnt. Die Parsons sind eine glückliche Familie.

Familie Smith

Auch die Smiths haben Zuwachs bekommen. Nach zwei Töchtern wurde der kleine Win geboren. Die beiden Mädchen begegnen ihm auf ganz unterschiedliche Weise.

Heather ist fast fünf Jahre alt. Voll Stolz und Zufriedenheit hält sie ihren kleinen Bruder im Arm. Zunächst war sie eifersüchtig auf Win – wie beinahe alle Kinder, die kleine Geschwister bekommen.

Inzwischen hat sie jedoch gemerkt, daß es etwas Besonderes ist, die größte zu sein.

Christina ist drei Jahre alt und hält sich noch viel in der Nähe ihrer Mutter auf. Jetzt möchte sie auch dem Baby nahe sein.

Christina hilft, das Baby zu füttern

Christina darf Win die Flasche geben. Als das Baby Bäuerchen machen soll, fühlt sie sich ausgeschlossen. Dann aber trinkt ihr kleiner Bruder weiter, und sie streichelt ihm den Kopf und küßt ihn. Die Mutter achtet darauf, daß sie ihn nicht zu fest am Hinterkopf berührt, da die Schädeldecke noch offen ist.

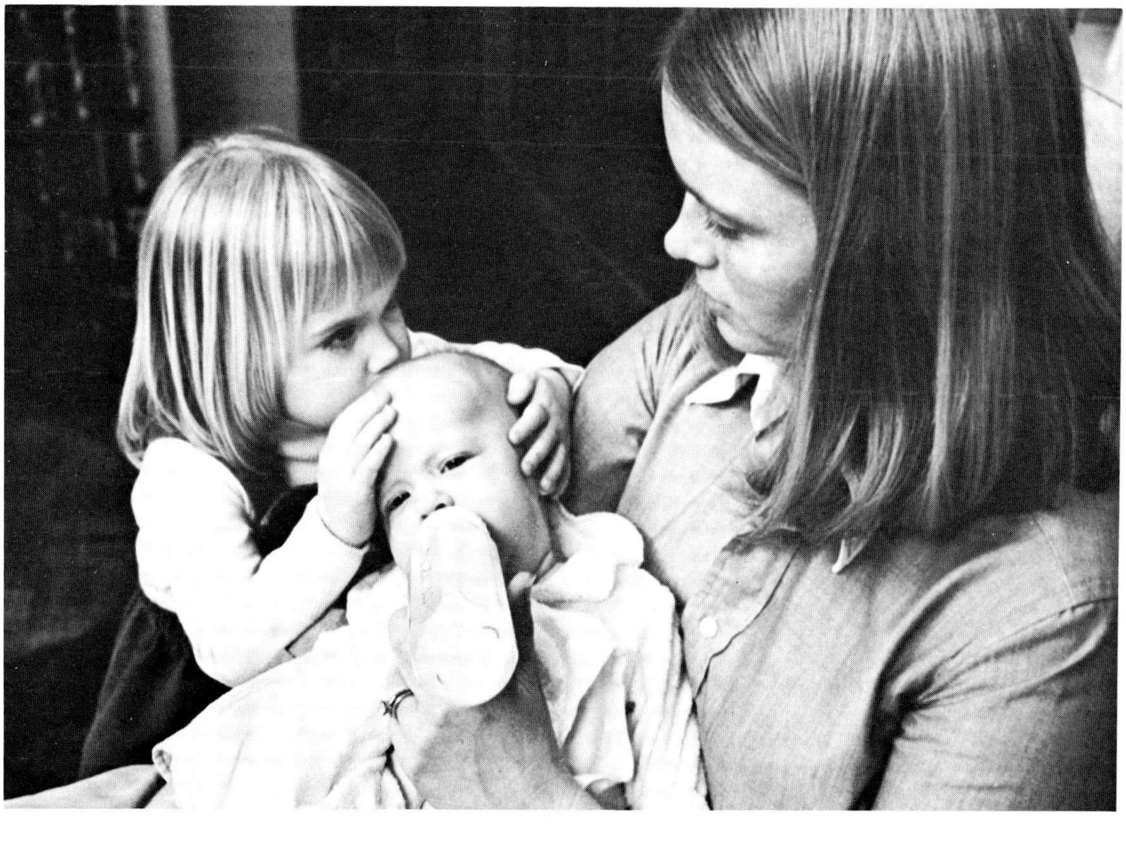

Freundschaft zwischen Kindern

Heather ist ein einfühlsames Kind, das sehr genau wahrnimmt, was in ihren Mitmenschen vorgeht. Manchmal fühlt sie sich ausgeschlossen, besonders dann, wenn ihre beiden jüngeren Geschwister zusammen spielen.

Streit zwischen Kindern

Erwachsene sehen es gar nicht gerne, wenn ihre Kinder sich anfeinden, aggressiv werden oder sich gar gegenseitig weh tun. Nichts wäre Eltern lieber, als Kinder zu haben, die ihre Streitigkeiten ruhig und vernünftig beilegen. Dieser Wunsch resultiert aus der Hilflosigkeit, die Erwachsene oft empfinden, wenn Kinder sich zanken. Manchmal verstehen sie überhaupt nicht, warum ihre Kleinen sich in bestimmten Situationen in die Haare geraten, und sie fragen sich dann vollkommen ratlos: »Worin liegt die Ursache für diese ewigen Streitereien, und was soll dabei schon herauskommen?«
Da Zank und Streit aus dem täglichen Leben von Kindern nicht wegzudenken sind, lohnt sich die Frage nach dem tieferen Sinn, der dahinter verborgen ist. Normalerweise streiten Erwachsene sich seltener und weniger heftig als Kinder, da sie im allgemeinen in der Lage sind, Unstimmigkeiten und Konflikte auf vernünftige Weise zu bewältigen. Irgendwann müssen dies auch Kinder lernen, um später in der Erwachsenenwelt bestehen zu können. Und hierzu dienen nicht zuletzt die zahlreichen Kämpfe, die sie untereinander ausfechten und die den Erwachsenen so viel – manchmal sogar zu viel – Kopfzerbrechen bereiten.
Streit scheint aber keineswegs nur einen negativen Aspekt zu haben, wie gemeinhin angenommen wird, sondern er hat auch eine befreiende Wirkung: Denn es ist bestimmt gesünder, seinem Ärger einmal Luft zu machen, als ihn ständig zu unterdrücken.
Streit zwischen Kindern entzündet sich aus den verschiedensten Gründen, doch bildet die »Wahrung von Besitztümern« den häufigsten Anlaß. So möchten Kinder manchmal unbedingt mit einem Spielzeug spielen, das ihnen nicht gehört, weil sie glauben, es in diesem Moment dringend zu brauchen. Dahinter steht sicher ein berechtigter Wunsch, um den eine Auseinandersetzung zu führen sich lohnt. Oft geht es beim Kampf um Spielzeuge aber weniger um die Gegenstände selbst als vielmehr um die Behauptung von Macht und Prestige.
Ferner handelt ein Teil dieses Kapitels von Kindern, die sich tätlich angreifen. Solche Situationen stellen eine besondere Herausforderung an Eltern dar. Auch auf eine andere, eher harmlose Form des Streitens – wie Toben und Raufen – wollen wir eingehen. Hierbei können Kinder eine ganze Reihe aggressiver Gefühle ausleben, ohne daß ihnen jemand einen Vorwurf daraus machen könnte.
Einen weiteren Anlaß zum Streiten bildet der Versuch der Kinder, die Aufmerksamkeit der Eltern auf sich zu lenken, wenn sich diese gerade einmal eigenen Interessen zugewandt und die Kinder ein wenig sich selbst überlassen haben.

Streit um Besitztümer

Um Spielzeuge und andere Gegenstände entbrennt zwischen Kindern andauernd Streit. Wie oft hören Eltern Ausrufe wie: »Das ist meins!« – »Nein, das hatte ich zuerst!« – »Der hat mir meinen Bär weggenommen!«
In manchen Situationen wollen Kinder mit einem ganz bestimmten Spielzeug spielen, ein Stück roten Papiers aufkleben oder auch nur ein ganz bestimmtes Hemd tragen. Hierbei handelt es sich um echte Bedürfnisse, und wenn diese nicht erfüllt werden können, kommt es leicht zum Streit.
In anderen Fällen brauchen Kinder Sachen aus Prestigegründen. So will die kleine Schwester nur deshalb einen Füllhalter, weil ihr großer Bruder auch einen hat, oder dieser spielt seine Überlegenheit aus, indem er ihr das Lieblingsspielzeug wegnimmt.
Die meisten Kleinkinder machen ein sogenanntes Besitzstadium durch. Dann bezeichnen sie alles und jedes als »meins«. Aus diesem Grund müssen Kinder von klein auf lernen zu teilen und den Besitz anderer zu respektieren.
In den großen Ferien streiten sich Geschwister besonders häufig, da sie während dieser Zeit – ebenso wie zu Weihnachten oder an Geburtstagen – aufgeregt und ihre Erwartungen sehr groß sind. Für Eltern ist es dann nicht immer leicht, jedem Kind gerecht zu werden.

Die fünfjährige Nina weint, weil ihre drei Jahre alte Schwester den Schaukelring vollkommen in Beschlag genommen hat. Da steht sie, die kleine Alexandra, herausfordernd und unnachgiebig.

Obwohl Nina größer und stärker ist, versucht sie nicht, die kleinere Schwester vom Ring wegzuziehen. Sie verhält sich passiv und schreit um Hilfe.

Susan wollte gerne schaukeln, aber in dem Moment hatte ihre große Schwester Wendy genau dasselbe im Sinn. Es ist ihr gelungen, Susan zu vertreiben, weil sie stärker ist. So bleibt Susan nichts anderes übrig, als darauf zu hoffen, daß ihre Mutter kommt und Wendy klarmacht, daß sie im Unrecht ist.

Das gehört mir!

Der vierjährige Tad hält mit beiden Händen eine große, runde Schachtel fest, in der sich viele schöne Buntstifte befinden. Seine achtzehn Monate alte Schwester Marguerite will sie unbedingt alle haben, denn die beiden Stifte, die ihr der Bruder gegeben hat, genügen ihr bei weitem nicht.

Solange Marguerite jedoch nicht an die Stifte herankommt, macht das Tad überhaupt nichts aus.

Wem gehört das Spielzeug und wer hat es zuerst gehabt? Beide Kinder sind zornig, und jedes von ihnen fühlt sich im Recht. Es wird nicht einfach sein, sie dazu zu bewegen, sich beim Spielen abzuwechseln. Vielleicht findet sich irgendwo ein reizvoller Gegenstand, der als Ersatz dienen kann?

Streit um das Lieblingsspielzeug

Billy spielt mit seinem Lieblingsauto. Plötzlich spürt er den Atem seines Bruders im Nacken. Der kleine Nat möchte unbedingt auch das wunderbare Spielzeug haben.

Billy war großzügig und hat Nat mit seinem Auto spielen lassen. Als er es wiederhaben will, bekommt er es nicht zurück.

Der Vater hört, daß die beiden sich streiten, und möchte von Billy wissen, was geschehen ist. Danach erklärt er Nat, daß er dem älteren Bruder das Auto nun zurückgeben muß. Da keiner von beiden nachgibt, macht der Vater einen Vorschlag: Billy soll für Nat ein Ersatzspielzeug suchen. Sicher wird er etwas finden, wogegen Nat das Auto eintauscht.

Wie Streit beigelegt werden kann

Billy holt ein kleines Karussell. Er hat beobachtet, daß Nat gerne damit spielt.

Nat geht auf den Handel ein,
schielt aber noch immer interessiert
auf das Auto.

Wie Streit beigelegt werden kann

Jetzt sind beide Brüder zufrieden. Billy hat sein Auto wieder für sich allein, und Nat hat herausgefunden, wie er das Karussell in Gang setzen kann. Er kommt sich genauso groß und klug vor wie sein älterer Bruder.

Erinnerung an einen Streit

»Ich heiße John und bin fünfundzwanzig Jahre alt. Wenn ich mir diese Bilder anschaue, erinnere ich mich sehr genau an das, was damals in mir vorging. Ich war fünf und mein kleinerer Bruder Gerry drei Jahre alt.
Es ist einfach unvorstellbar, wie wir schrien und heulten, weil wir uns nicht einigen konnten, wer auf dem Dreirad fahren durfte. Ich liebte es über alles, und es fiel mir ungeheuer schwer, Gerry darauf fahren zu lassen. Ich hatte alles unternommen, um ihm den Weg zu versperren, ja, ich versuchte sogar, ihn mit dem Kopf vom Dreirad zu stoßen.«

Streit um das Dreirad

»Meine Mutter nahm Gerry auf den Arm und erklärte ihm, daß er das Dreirad bekommen würde, sobald ich zu groß dafür wäre. Nachdem ich mein Fahrzeug wiederhatte, fuhr ich damit nicht etwa gleich los, wie man auf dem rechten Bild erkennen kann, sondern wurde zunächst nachdenklich: Denn nun hatte ich zwar mein Dreirad wieder, aber dafür liebkoste Mutter meinen Bruder.«

Handgreiflichkeiten

Konflikte löst man am besten, indem man darüber spricht. Diese Meinung ist heute so weit verbreitet, daß Leute, die Probleme miteinander haben, zunächst versuchen, sich auszusprechen. Gelingt dies nicht, so wenden sie sich in der Regel an eine höhere Instanz, die über Recht und Unrecht entscheidet. Jemand, der diesen Weg nicht beschreitet, stößt auf das Unverständnis seiner Umwelt und gilt als gefährlich und gewalttätig.
Man kann sich nur schwer vorstellen, daß Erwachsene, die vor dem Richter sachlich-kühl einen Rechtsstreit ausfechten, früher einmal Kinder waren, die sich geprügelt und oft aufs heftigste bekämpft haben. Es ist ein weiter Weg von der tätlichen Auseinandersetzung bis zur vernunftgemäßen Lösung von Konflikten. Dieser Weg wird Kindern oft dadurch erschwert, daß ihre Eltern ihnen unterschiedliche, ja oft sogar widersprüchliche Ratschläge geben.
Die meisten Eltern sind der Meinung, daß Kindern in erster Linie beigebracht werden sollte, sich lieber mit Worten zu streiten als sich zu prügeln. »Sag ihr doch, daß du nicht gerne geschubst werden willst!« – »Frag sie, warum sie dich anschreit!« – »Mach ihr klar, daß das Spielzeug dir gehört und du es jetzt brauchst!« Mit solchen Vorschlägen wollen Eltern ihre Kinder dazu bewegen, daß sie miteinander sprechen, statt sich zu schlagen, zu beißen oder zu kratzen. »Komm lieber her und sag mir, wenn er dir das Spielzeug nicht wiedergibt!« Oder: »Geh zum Vater und bitte ihn um Hilfe, statt deine Schwester zu schlagen!« – »Sag der Lehrerin, wer dich verprügelt hat!«
Kinder sollen jedoch nicht nur über ihre Probleme sprechen, sie sollen auch lernen, sich zu wehren, wenn es nottut. So sagen Eltern oft in einem Atemzug: »Ihr sollt euch nicht prügeln« und »Hau zurück, wenn er dich dauernd schlägt« oder »Nimm ihm das Spielzeug wieder ab, wenn er es nicht freiwillig rausrückt!« Wie soll ein Kind sich da orientieren? Einerseits soll es auf keinen Fall handgreiflich werden, und andererseits erlaubt man es ihm.
Geschwister streiten sich häufiger untereinander als mit anderen Kindern. Das ist sicher nicht zuletzt darauf zurückzuführen, daß sie sehr eng zusammenleben. In dieser Situation muß es einfach zu Rivalitäten kommen, und Gefühle der Sympathie wechseln zwangsläufig mit Haßgefühlen. Kinder, die streiten, sind selbst nicht glücklich dabei, und oft reagieren auch Dritte recht hilflos. Manchmal greifen nicht direkt am Streit beteiligte Geschwister ein, oder sie rufen die Eltern oder den Babysitter zu Hilfe, um die Streithähne auseinanderzubringen. In anderen Fällen versuchen sie mit allen Mitteln, die Streitenden abzulenken.
Obwohl Streit wahrlich keine erfreuliche Erscheinung ist, sollte man doch nicht vergessen, daß streitende Kinder durch ihre Auseinandersetzungen reifer werden, selbst wenn es ab und zu ein paar Beulen und blaue Flecken gibt. Dadurch, daß Kinder im Streit ihrem Zorn Luft machen können, lernen sie, ihn auf längere Sicht besser unter Kontrolle zu bekommen. Meistens ist der Ärger schnell vergessen, und die Kinder vertragen sich wieder. Zugleich machen sie die wichtige Erfahrung, wie andere auf die eigenen Wutausbrüche reagieren und wie schön es ist, wenn der Zorn verraucht und man sich wieder versöhnen kann.

Bild rechts: Darcy ist im Begriff, ihrem älteren Bruder Quentin mit einer Schachtel auf den Kopf zu hauen. Sie ist sehr verärgert, denn er spielt mit dem Baby und läßt sie nicht daran teilhaben. So groß ihre Wut und Enttäuschung auch sind, schließlich schlägt sie nicht Quentin, sondern klopft nur auf ein paar Spielsachen herum.

Lautes Heulen und Schreien im Vorgarten. Die Mutter öffnet die Haustüre und sieht ihren zehnjährigen Sohn Chris in trotziger Haltung vor seinem jüngeren Bruder Andrew stehen, der weinend am Boden hockt. Schluchzend erzählt er der Mutter, Chris habe ihn geschlagen. Chris verteidigt sich damit, daß Andrew unerlaubt sein Fahrrad ausgeliehen und kaputtgefahren habe.
Obwohl die Mutter nicht beurteilen kann, was genau geschehen ist, erwarten die Kinder von ihr, daß sie sich dazu äußert. In ihrem Ärger könnte sie sagen: »Egal, was passiert ist, hört auf zu heulen und vertragt euch gefälligst!« Manchmal ist es aber wichtig, die Kinder voneinander zu trennen und, wenn sie sich beruhigt haben, mit ihnen zu besprechen, was wirklich geschehen ist. So wird man beiden »Parteien« am ehesten gerecht.

Streit, der nicht sein muß

Die zehnjährige Judy versucht, ihrem Bruder Tom ein Messer aus der Hand zu nehmen, mit dem er auf dem Tisch herumgekratzt hat. Ihre Mutter ist bis zum Abend fortgegangen und hat Judy beauftragt, sich bis zu ihrer Rückkehr um alles zu kümmern. Aber Tom will sich nicht von seiner Schwester herumkommandieren lassen. Man sollte einem Kind nicht für längere Zeit die Aufsicht über Bruder oder Schwester überlassen. Allzu schnell nämlich wird es seine Macht mißbrauchen, und hieraus können Streitigkeiten entstehen, die eigentlich ganz überflüssig und daher vermeidbar sind.

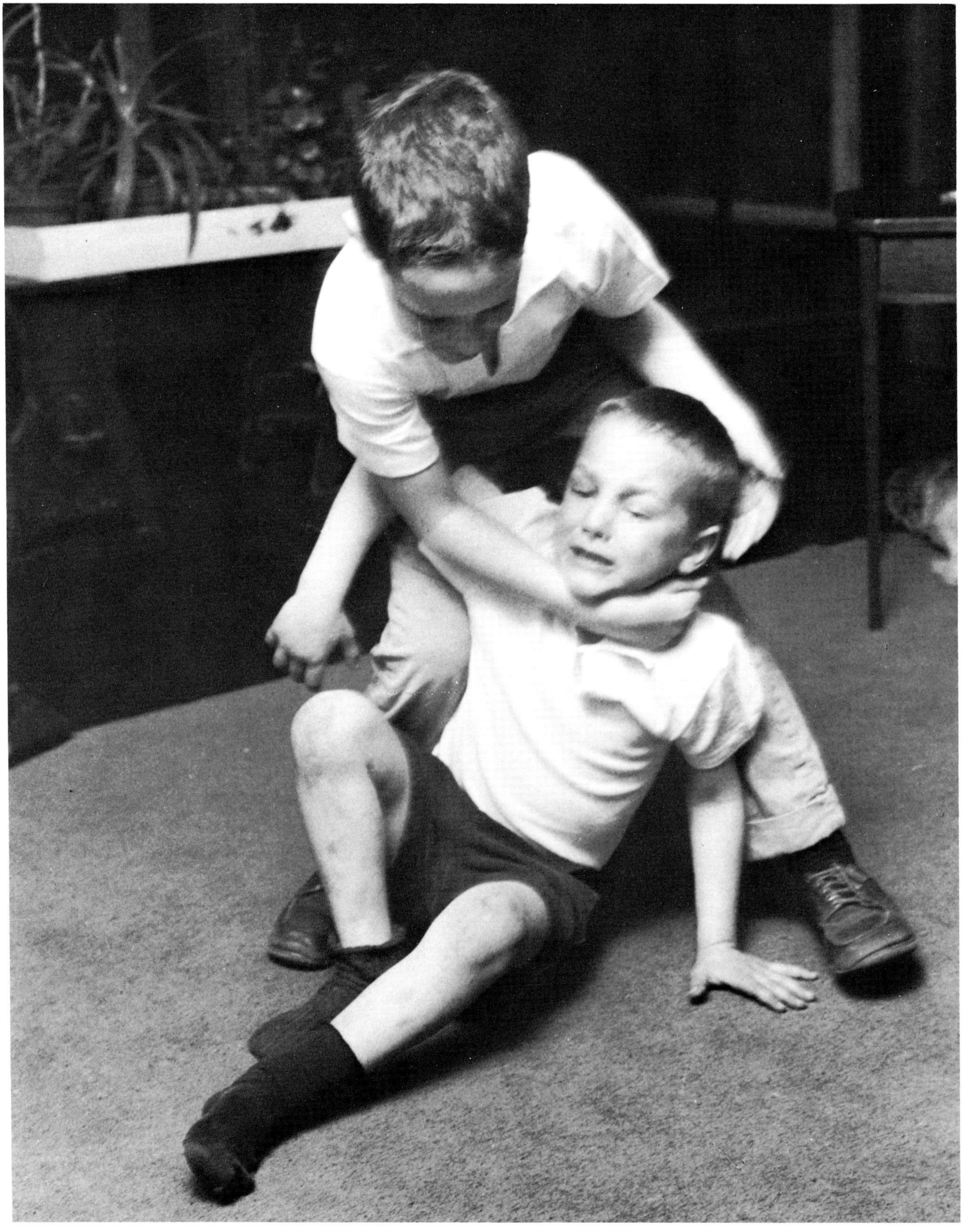

Schlagabtausch

In einer Familie mit vier Jungen, deren Altersunterschied gering ist, kann es nicht ruhig zugehen. Oft gibt es Kämpfe und Raufereien, denn jeder will dem Nächstjüngeren beweisen, daß er der Stärkere ist.

Toben

Toben kann verschiedenen Zwecken dienen. Viele Kinder machen gerne Kampfspiele und leben auf diese Weise ihre Aggressionen aus. Das Angenehme daran ist, daß niemand ihnen solche Spiele verbietet, und so haben sie auch nie ein schlechtes Gewissen dabei. Daneben eröffnet sich im Toben auch eine Möglichkeit, Zärtlichkeiten auszutauschen. Gerade größere Jungen haben es nicht mehr so gern, wenn die Eltern sie in den Arm nehmen oder auf andere Art liebkosen; aber Toben mögen sie immer. Mit einem Erwachsenen zu toben gibt Kindern ein Gefühl der Stärke und Überlegenheit, denn sie verlassen sich ganz darauf, daß die Eltern ihre körperliche Schwäche nicht ausnutzen und ihnen auf keinen Fall weh tun werden. Wenn mehrere Geschwister mit einem Erwachsenen raufen, wird die Situation komplizierter. Denn auf der einen Seite freuen die Kinder sich, gemeinsam gegen ihn zu kämpfen, andererseits möchten sie sich aber auch als einzelne hervortun. In einer solchen Situation muß der Erwachsene unbedingt darauf achten, daß das Spiel ihm nicht aus der Hand gleitet und niemand verletzt wird.

John und Paul toben sehr oft. Ihre kleine Schwester, die sechsjährige Julia, möchte gerne mitmachen. Als das Spiel ihrer Brüder immer wilder wird, bekommt sie es mit der Angst zu tun und weint. John und Paul trösten sie liebevoll. Doch äußert sich in ihrem Lächeln mehr als nur Zuneigung: nämlich Stolz, mehr vertragen zu können als dieses kleine Mädchen.

Toben macht Spaß!

Brooke hat rauhe Spiele nicht so gerne wie ihr Bruder Sean. Aber Kissenschlachten liebt sie über alles. Kissen sind weich und können ihr nicht weh tun. So macht Toben Spaß!

Ob die Erwachsenen böse werden, wenn ich ein bißchen mit Abigail tobe? denkt Andrew. Wie lange wird die kleine Schwester sein Gewicht wohl noch aushalten, ohne zu protestieren? Manchmal ist es schon erstaunlich, wie geduldig kleine Kinder die rauhe Behandlung durch die größeren Geschwister ertragen können.

Die allzu wilden Spiele von Susan und Steven enden oft mit Tränen. Die meisten Eltern wissen, daß man in solchen Situationen keinem der Kinder die Schuld geben kann und daß es sinnvoller ist, rechtzeitig darauf zu achten, daß die Kinder nicht zu heftig miteinander umgehen.

Toben mit Eltern

Der Vater von Billy und Nathaniel ist noch sehr jung und tobt gern mit seinen Kindern herum. Er hat ein feines Gespür dafür, wie weit er mit ihnen gehen kann, und es gelingt ihm immer wieder, die Kinder davon abzuhalten, daß das Spiel in wilde Kämpfe ausartet.

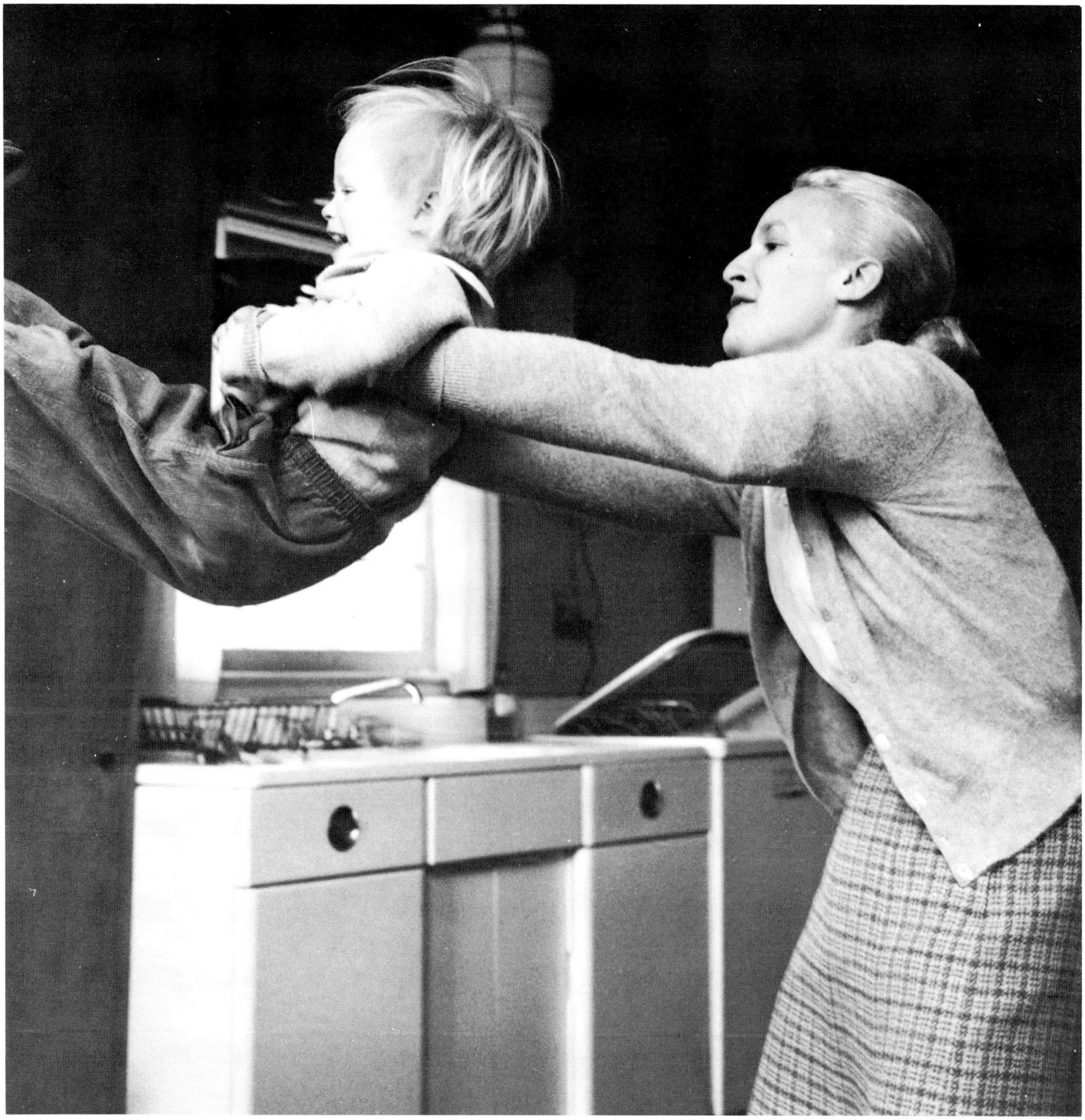

Manche Eltern behandeln ihre Töchter beim Toben oft schonender als Söhne. Liegt das daran, daß sie immer noch der Meinung sind, Knaben müßten unempfindlicher sein und weniger Angst vor Kämpfen haben als Mädchen? Heutzutage machen viele Eltern keinen Unterschied mehr in der Behandlung von Söhnen und Töchtern. Chrissys Mutter läßt ihre Tochter schwungvoll durch die Luft sausen.

Kinder kämpfen um die Aufmerksamkeit ihrer Eltern

Oft hat es den Anschein, als seien nach Meinung der Kinder Eltern ausschließlich dazu da, sich um sie zu kümmern, und so können sie nur schwer einsehen, daß Vater und Mutter auch eigene Bedürfnisse haben.
So mögen es Kinder zum Beispiel nicht, wenn Erwachsene zu lange telefonieren, und oft genug versuchen sie, sie dabei zu stören. Babys beginnen meist dann zu schreien, wenn die Mutter den Hörer abnimmt, und größeren Kindern fällt es gerade in einem solchen Augenblick ein, daß sie ganz dringend die Hilfe der Eltern bei den Hausaufgaben brauchen. Wenn Eltern einmal ihre Ruhe haben möchten, beginnen Kinder nicht selten zu streiten. Auf diesem Weg können sie der Aufmerksamkeit ihrer Eltern sicher sein. Eltern, denen diese Zusammenhänge bewußt sind, können einiges dafür tun, um solchem Streit vorzubeugen. Er ist von ganz anderer Art als der manchmal notwendige Streit unter Kindern und deshalb vollkommen überflüssig.
Es kommt vor, daß Kinder von ihren Eltern alles zur gleichen Zeit verlangen: sie wollen zu dritt auf einem Schoß sitzen oder ebenso wie der Bruder eine eigene Geschichte erzählt bekommen; oder sie rufen gerade dann nach der Mutter, wenn ein anderes Kind krank ist und gepflegt werden muß. Für Eltern ist es deshalb nicht immer leicht, ihren Kindern klarzumachen, daß ihre Kräfte begrenzt sind.

Die Eltern dieser beiden sechs- und achtjährigen Mädchen lesen sonntags gerne ungestört die Zeitung. Das wissen die Töchter auch ganz genau. Dennoch stürmen sie, kaum daß die Eltern sich hingesetzt haben, ins Zimmer, weil sie sich gestritten haben und nun erwarten, daß Vater und Mutter ihren Streit schlichten.

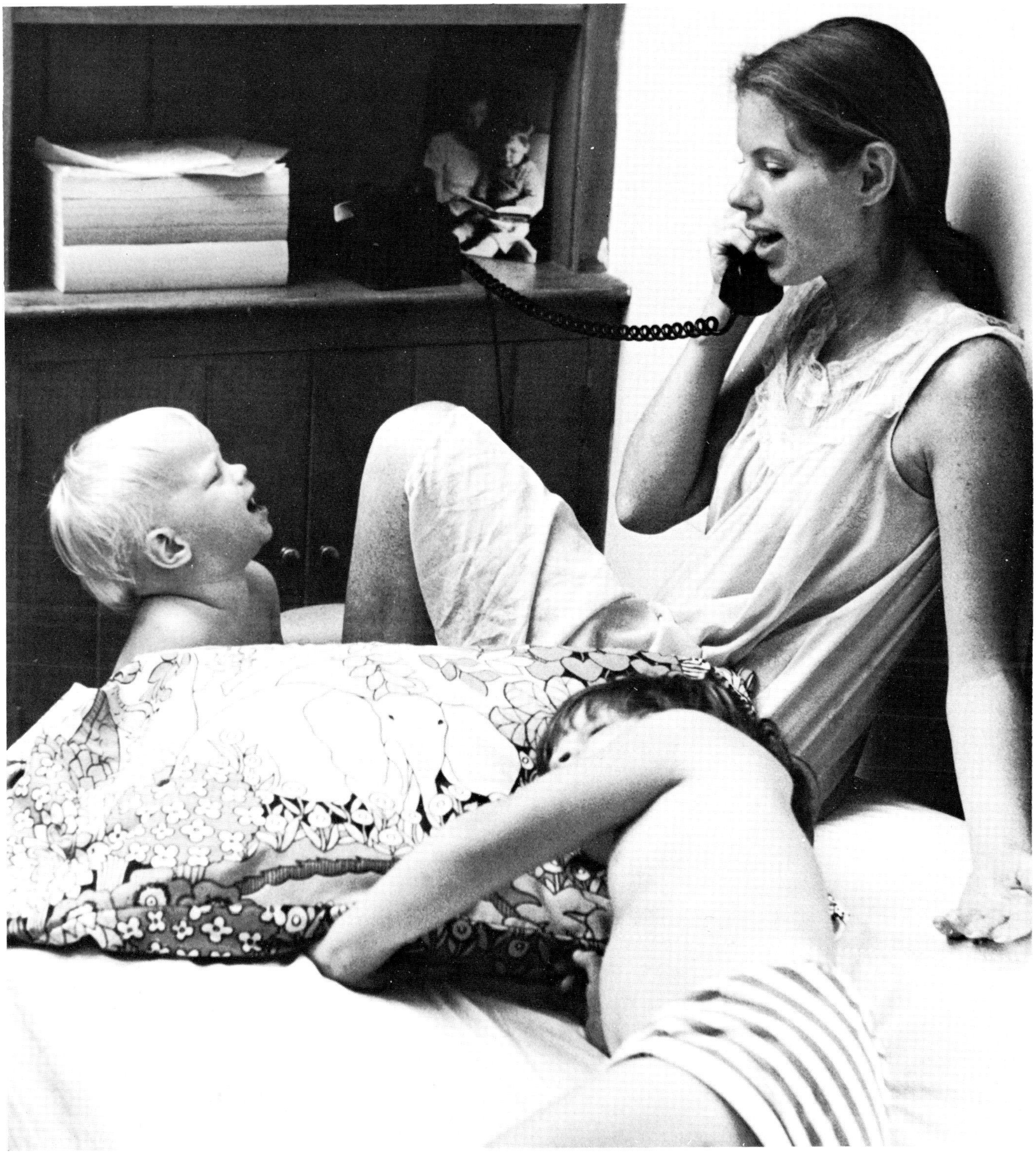

Der fünfjährige Chris und sein zwei Jahre alter Bruder Jonathan ärgern sich, daß ihre Mutter ein Telefongespräch führt. Zunächst necken sie sich gegenseitig, dann ziehen sie an der Bettdecke, schließlich werfen sie mit dem Kopfkissen und werden dabei immer lauter. Da es Jonathan trotz allem nicht gelingt, die Aufmerksamkeit der Mutter auf sich zu ziehen, fängt er an zu weinen.

Am Ende der Kräfte

Die Mutter möchte sich einen Augenblick lang ausruhen und einen Kaffee trinken, aber die Kinder streiten sich dermaßen, daß sie sich immer wieder um sie kümmern muß. Sie beschließt, das Jüngste auf den Arm zu nehmen und die beiden anderen so lange nicht zu beachten, bis sie ihren Kaffee ausgetrunken hat.

Beim Kochen stören die Kinder ihre Mutter zum drittenmal. Dieses Mal gelingt es ihr endlich, sich verständlich zu machen. Sowohl die Sprache ihres Körpers als auch ihre Worte zeigen, daß sie jetzt in Ruhe kochen will. »Ich halte diese Zankerei keine Minute länger aus!«

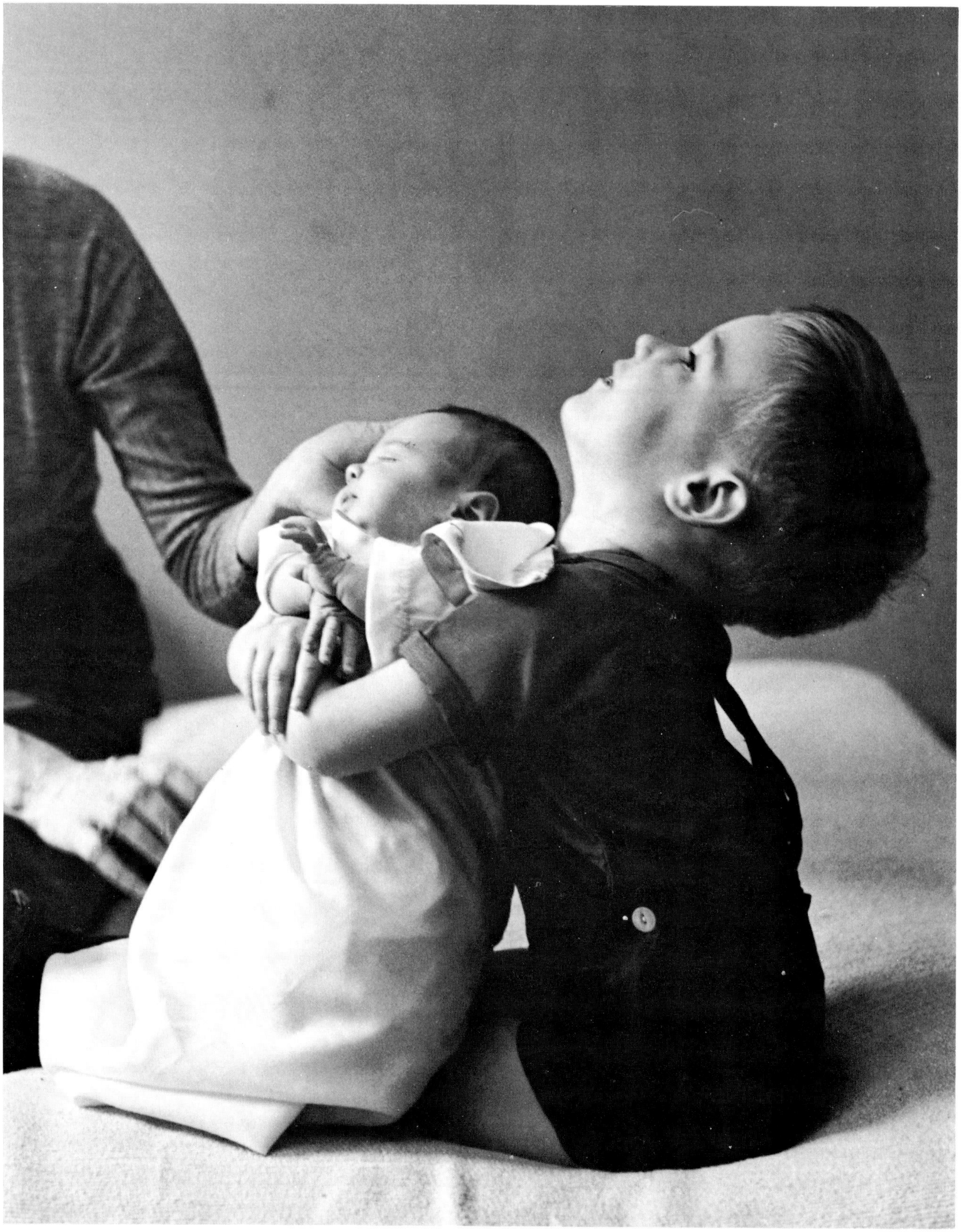

Zuneigung

Jeder von uns muß früher oder später lernen, mit seinen Mitmenschen auszukommen. Dieser Prozeß beginnt schon im frühen Kindesalter. Die ersten Erfahrungen mit anderen Menschen werden im Schutz der Familie gemacht. Von der Art der Bindungen, die während dieser Zeit entstehen, hängt es im hohen Maße ab, inwieweit Kinder als Erwachsene in der Lage sind, Freundschaften zu schließen.
Im Zusammenleben erfahren Geschwister, wie beglückend es ist, geliebt und anerkannt zu werden, wie schmerzhaft es andererseits aber auch sein kann, abgelehnt und zurückgewiesen zu werden.
Geschwister haben es oft gar nicht so einfach. Niemand fragt sie danach, ob sie von ihren Anlagen und ihrem Temperament her zusammenpassen. Mag auch noch soviel Rivalität zwischen ihnen herrschen, sie gehören zusammen und sind daher ständig aufeinander angewiesen. Im Gegensatz zu den Erwachsenen, die, wenn sie erkannt haben, daß sie nicht zusammenpassen, sich voneinander trennen oder sich scheiden lassen, sind sie gezwungen, miteinander auszukommen. Dadurch lernen sie von klein auf, Konflikte auszutragen, und es wird ihnen als Erwachsenen vielleicht weniger schwerfallen, sich mit anderen Menschen zu vertragen und tiefe und dauerhafte Bindungen einzugehen.
Gemeinsame Erlebnisse und Erfahrungen binden Geschwister enger aneinander. Selbst Streit kann dazu beitragen, wenn alle Beteiligten ihrem Zorn ordentlich Luft machen können. Dann wirkt er sehr befreiend. Wenn Auseinandersetzungen jedoch überhandnehmen und zu stark ausufern, empfinden Kinder ihr Zusammensein eher als Last und Leid.
Geschwister erleben immer beides: Liebe und Ablehnung, Zuneigung und Haß. Wichtig ist jedoch, daß die positiven Erfahrungen hierbei überwiegen, und Eltern sollten unbedingt darauf achten, daß dies auch der Fall ist.
In den meisten Fällen nähern Geschwister sich einander, indem sie sich zunächst anschauen und berühren; so haben Babys es gern, wenn der große Bruder oder die große Schwester sie streichelt oder kitzelt; größere Geschwister spielen miteinander, und an ihrer Gestik und Mimik läßt sich ablesen, wie glücklich sie dabei sind. Die Liebe der Eltern ist in jeder Hinsicht von grundlegender Bedeutung, damit auch Kinder lieben können. Denn Zuneigung entsteht nur dann, wenn man sie selbst erfahren hat.
Seine Kinder lieben, heißt, zärtlich zu ihnen zu sein, sich um sie zu kümmern, sich in sie hineinzuversetzen und mit ihnen zu sprechen. Aber es bedeutet auch, sie gerecht zu behandeln. Deshalb sollten Eltern dafür sorgen, daß alle ihre Kinder zu Wort kommen und daß Strafen sowie Lob konsequent und allen gegenüber gleich gehandhabt werden.
Immer wieder wird von Eltern verlangt, ihre Kinder »gleich« zu lieben. Das ist schon deshalb nicht möglich, weil jedes Kind anders ist und die Art der Beziehungen zwischen den Eltern und den einzelnen Kindern sich unterschiedlich gestaltet. Diese Tatsache tut der Gerechtigkeit jedoch keinen Abbruch, solange Eltern alle ihre Kinder lieben, gleich auf welche Weise.

Bild links: Wenn sich jemand zurücklehnt, drückt er damit normalerweise seine Abneigung gegenüber einem anderen aus. Der dreijährige Johnny jedoch gibt sich ganz seiner Begeisterung für seine niedliche kleine Schwester Debbie hin.

Babys muß man einfach gern haben

Lächelnd blickt der vierjährige Eric auf seine kleine Schwester Neisha. In diesem Lächeln kommt vieles zum Ausdruck: Zärtlichkeit, Neugier und Zuneigung. Welch ein Glück, wenn ein Baby reizvoll und anziehend ist und die Geschwister für sich einnimmt. Auf diese Weise werden die Konkurrenzgefühle, die die älteren Kinder empfinden, da sie die elterliche Liebe nun mit dem Neugeborenen teilen müssen, wieder ein wenig wettgemacht.

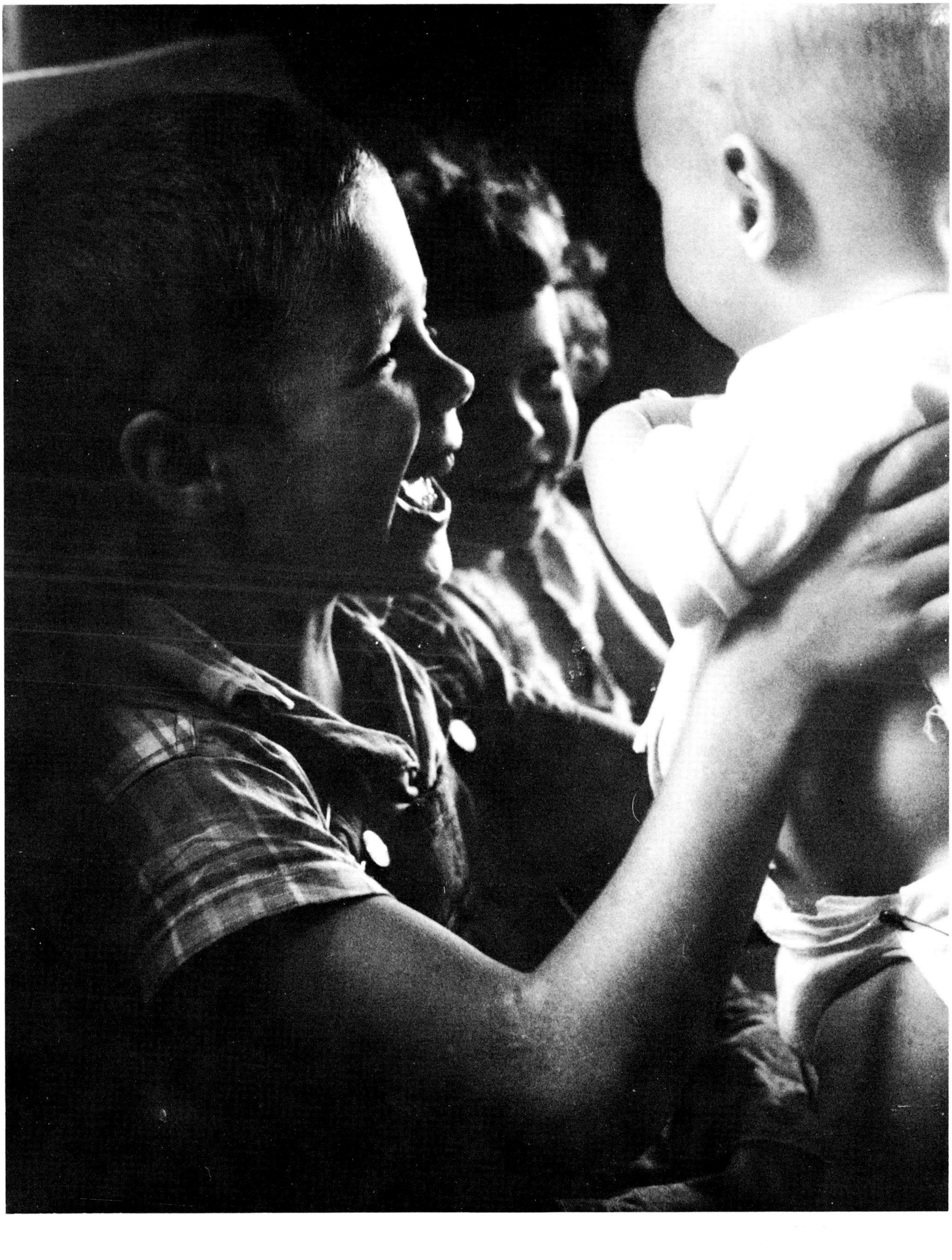

Wie Kinder Liebe zeigen

Als die einjährige Pegge bemerkt, daß Chrissy sich in ihren Babystuhl gesetzt hat, scheint sie erst verstört; dann aber folgt sie dem einladenden Lächeln ihrer Schwester und umarmt sie. Obwohl es um ein wichtiges Besitztum ging, hat in diesem Fall die Liebe gesiegt.

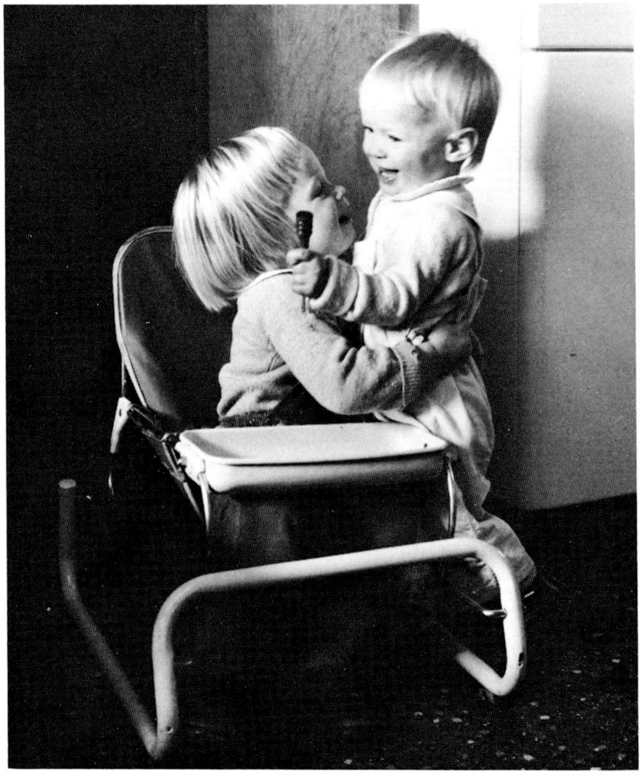

In der Familie von David und Laurie pflegt man einen sehr zärtlichen Umgang. In dieser Atmosphäre lernen die Kinder, ihre Gefühle der Zuneigung auf verschiedenste Weise auszudrücken.

Wenn Kinder einander trösten

Es gibt kaum etwas Schöneres, als wenn ein Kind ein anderes tröstet. Tatsächlich verstehen Kinder den Kummer von ihresgleichen oft besser als Erwachsene, da sie sich eher in ihre Lage hineinversetzen können. Eine Sechsjährige kann noch sehr gut nachvollziehen, was es für eine vierjährige Schwester bedeutet, wenn ihre beste Freundin im Kindergarten nicht neben ihr sitzen will. Erwachsene haben oft längst vergessen, wie schmerzhaft eine solche Erfahrung für ein Kind sein kann.

Wenn die Eltern selbst Ursache des kindlichen Kummers sind, ist es besonders wichtig, Geschwister zu haben, die einen trösten können. »Die Mami ist gemein! Sie gibt mir keinen Lutscher!« sagen Kinder oft zu Bruder oder Schwester, um getröstet zu werden.
Haben die Eltern Probleme miteinander oder belasten Krankheit, Tod oder Arbeitslosigkeit eine Familie, können sich Geschwister eine wirkliche Hilfe sein, indem sie sich gegenseitig trösten. Selbst kleine Kinder leiden schon unter den Problemen der Großen, und es ist ein Glück, daß sie in Belastungssituationen füreinander dasein können.

Seit der Geburt des kleinen Sam war die fünfjährige Nanna eine Art Mutterersatz für ihn. Nach der Scheidung der Eltern merkte sie, daß er sie besonders dringend brauchte. Dies ist keine leichte Aufgabe für ein so kleines Mädchen, aber Nannas drei große Geschwister haben sie dabei so viel wie nur möglich unterstützt.

Kinder helfen sich gegenseitig

Die einjährige Pegge mag die Art, wie ihr vierjähriger Bruder Howard sie aufzumuntern sucht, zwar ein wenig grob finden, aber immerhin ist es ihm gelungen, sie darüber hinwegzutrösten, daß ihre Mutter ihr gerade eine Schere weggenommen hat, mit der sie spielen wollte.

Claire ist beim Rollschuhlaufen hingefallen. Schnell kommt ihr die siebenjährige Laura zu Hilfe; sie fühlt sich verantwortlich für die kleine Schwester, denn sie hat ihr selbst das Rollschuhlaufen beigebracht.

Trost

Der neunjährige Jeremy und sein zwei Jahre jüngerer Bruder Justin verbringen viel Zeit in einem Sommerlager, in dem ihre Mutter arbeitet. Dort gibt es kaum Kinder, und die Leute behandeln die beiden wie Erwachsene. Die Folge davon ist, daß sie sich entsprechend benehmen und viel weniger toben und lachen als andere Kinder. Da sie ohne gleichaltrige Spielgefährten auskommen müssen, sind sie sich sehr nahegekommen. Jeremy ist gerade nicht besonders gut aufgelegt, aber Justin findet Mittel und Wege, ihn zum Lachen zu bringen.

Kinder lernen von den Eltern. Wenn sie von diesen liebevoll behandelt werden, dann können auch sie Liebe weitergeben. Wenn Chrissy traurig ist, wird sie von ihrer Mutter getröstet. Aber sie macht ihr dabei auch deutlich, daß Trauer und Ärger zum Leben gehören. Gerade erklärt sie Chrissy, daß ihr augenblicklicher Kummer unvermeidbar ist, daß es ihr aber bestimmt bald wieder besser gehen wird. Chrissy hat viel von der Mutter gelernt. Wenn sie ihre kleine Schwester schreien hört, läuft sie sofort hin, um sie zu trösten.

Manchmal wird der Abstand zwischen Geschwistern durch Fortschritte in der körperlichen Entwicklung größer: Dieser vierjährige Junge kann schon Dreirad fahren, während seine zweijährige Schwester ihm noch staunend dabei zuschaut.

Spielen

Besonders aufregend an Geschwistern ist, daß man immer mit jemandem spielen kann. Spielen bringt Kinder einander näher. Ein lieber Spielkamerad kann einem Dreijährigen, der Schwierigkeiten hat, sich an seine neugeborene Schwester zu gewöhnen, darüber hinweghelfen.

Von befreiender Wirkung sind die bei Kindern sehr beliebten Rollenspiele. Darin bringen sie nämlich oft Gefühle und Wünsche zum Ausdruck, die sie sonst vielleicht nie äußern würden. Ein kleines Mädchen, dessen großer Bruder das Baby oder den Kranken spielen soll, dokumentiert damit, daß sie endlich auch einmal die Überlegene sein möchte.

Bonnie und Todd sind drei Jahre auseinander. Ihr Vater hat ihnen ein Sperrholzhaus gebaut, in dem sie mit Vorliebe Doktor oder Familie spielen – nicht ohne jedesmal genau festzulegen, wer welche Rolle spielt.

Gemeinsamer Spaß

Verbotene Früchte sind am süßesten: Die vierjährige Cathy nutzt die Abwesenheit ihrer Mutter aus und hopst auf dem Bett herum.

Auch das Baby scheint Gefallen daran zu finden.

Kindliche Sexualität

Kleinkinder sind normalerweise sehr neugierig auf den Körper ihrer Geschwister – insbesondere ihre Genitalien –, und deshalb betrachten und berühren sie sich gegenseitig, um sich besser kennenzulernen. Brüder und Schwestern lernen so auf ganz unproblematische Weise, eine natürliche Einstellung zu ihrer Sexualität zu gewinnen. Erwachsenen ist dies mitunter peinlich. Dann ignorieren sie bewußt die erotischen Spiele ihrer Kinder, oder sie ärgern sich darüber und bestrafen die Kinder, ohne daß diesen das Verhalten der Eltern einleuchtet; denn sie haben nicht das Gefühl, etwas Böses zu tun.

Die Mutter dieser beiden Kinder reagiert anders: Sie ist der Meinung, daß Kinder, die in Freiheit Erfahrungen mit ihrem Körper machen, es später leichter haben werden, ihre Sexualität ungezwungen zu leben.

Spielen ist nicht in jedem Alter dasselbe

Lange Zeit schienen Nina und Alexandra fast gleichaltrig zu sein; von dem Altersunterschied von zwei Jahren merkte man so gut wie gar nichts. Dann aber begann Nina, sich für Jungen zu interessieren, und damit ist sie ihrer Schwester um eine ganze Entwicklungsstufe voraus: Sie ist ein richtiger Teenager geworden.

Eltern, die gerne mit ihren Kindern spielen, werden immer wieder neue, gemeinsame Spiele entdecken und auch Hobbys mit ihnen teilen. Kinder mögen es zum Beispiel, wenn Vater oder Mutter gute Schwimmer sind oder zeichnen und malen können.

Kinder lernen voneinander

In großen Familien ist es normal, daß die Kinder sich untereinander viele Dinge selbst beibringen. So gewinnen sie nicht nur eine größere Selbständigkeit, sondern sie bekommen auch ein partnerschaftliches Verhältnis, werden hilfsbereit und lernen, sich gegenseitig zu achten.
Einen Schuh zuzubinden, ist gar keine einfache Sache. Erwachsene betrachten dies als etwas ganz Selbstverständliches. Ein Kind aber, das es gerade erst selbst gelernt hat, erinnert sich noch genau an die Mühen, die es dabei hatte, und kann es auf diese Weise einem anderen Kind besser vermitteln als ein Erwachsener.
Der dreijährige Todd beobachtet aufmerksam seine drei Jahre ältere Schwester Bonnie, die ihm gerade den linken Schuh zubindet und ihm dabei jede Handbewegung erklärt.

Die sechsjährige Nanna zeigt ihrem kleinen Bruder Sam, wie man Tischflipper spielt. Kurz darauf ist auch er von dem Spiel ganz begeistert.

Lernen durch Nachahmung

Die siebenjährige Laura malt in einem Ringbuch. Sie ist Linkshänderin. Ihre kleine Schwester Claire schaut ihr dabei aufmerksam zu. Als Laura merkt, daß Claire gern malen lernen will, zeichnet sie mit der rechten Hand weiter, damit Claire ihre Bewegungen besser nachahmen kann. Erst hilft sie ihr, einige Linien zu zeichnen, aber schon bald kann Claire allein eine Katze malen.

Sichtbare Fortschritte

Die fünfjährige Julia hat ihr erstes Fahrrad bekommen. Ihr neunjähriger Bruder Paul bringt ihr das Fahren bei. Zuerst fürchtet sie sich ein wenig, aber sie vertraut darauf, daß Paul das Fahrrad festhält, falls sie das Gleichgewicht verliert.

Nachdem Laura ihrer Schwester Claire gezeigt hat, wie man zeichnet, laufen sie auf dem Kinderspielplatz Rollschuh. Immer wieder ermutigt die ältere Schwester die jüngere, hält sie fest und spornt sie an. So gut und schnell würde Claire es bei keinem Erwachsenen lernen.

GORDON

Lernen durch Ausprobieren

Der siebeneinhalbjährige Justin wollte seinen größeren Bruder im Schach besiegen. Deshalb hat er sich in der Bücherei ein Schachbuch ausgeliehen und sich ein paar Züge eingeprägt. Zunächst ist er froh, daß ihm das Spiel so gut gelingt, dann aber muß er doch eine Niederlage durch den großen Bruder in Kauf nehmen.

Jane ist fünfzehn und kann schon gut kochen. Ihre fünfjährige Schwester Rhoda möchte ihr dabei schrecklich gern helfen. Jane läßt sie den Teig rühren und gibt ihr andere Aufgaben, die ihr Spaß machen, aber den Kuchen nicht verderben.

Kinder lernen von ihren Eltern

Während die Mutter Plätzchen bäckt, gibt sie ihren Töchtern Catherine und Elizabeth, drei und fünf Jahre alt, ein Stück Teig, Ausstechformen, Streusel und ein Kuchenblech. So können die beiden ihre eigenen Kekse backen, und außerdem kann die größere Schwester der jüngeren sagen, was sie tun soll.

Eltern können viel zum Gelingen der Spiele ihrer Kinder beitragen, wenn sie sich im Hintergrund halten und vorsichtig Hilfestellung geben, ohne dabei die Geduld zu verlieren. Während der Vater das Spielzeug festhält, zeigt Claire ihrem jüngeren Bruder Peter, wie er den Hampelmann aus der Schachtel herausziehen kann.

Obwohl der vierjährige Matthew schon gerne nach draußen gehen würde, um zu spielen, wird er nie ungeduldig, wenn seine zweijährige Schwester nicht so schnell mit dem Frühstück fertig wird und er noch etwas warten muß. Sein Vater geht jedoch so freundlich und geduldig mit der Kleinen um, daß Matthew sich an ihm ein Beispiel nimmt.

Ein Familienausflug

An einem Herbstnachmittag hat diese Familie einen wunderschönen Spaziergang am Strand gemacht. Unterwegs haben sie Sandburgen gebaut, getobt und Fangen gespielt. Billy und Nat finden es herrlich, wenn sie draußen herumtollen und gemeinsam mit ihren Eltern spielen und lachen können. Zu Hause unterhält der Vater die ganze Familie mit einer lustigen Geschichte.

Von Einzelkindern, Halbgeschwistern, Adoptivkindern und Zwillingen

In den ersten drei Kapiteln haben wir uns mit Problemen beschäftigt, die mehr oder weniger alle Kinder betreffen: Wie reagieren sie auf ein Neugeborenes, wie streiten sie sich und auf welche Weise äußern sie Zuneigung?
Im folgenden wollen wir uns besonderen Situationen zuwenden, die nicht in jeder Familie vorkommen.

Einzelkinder

Einzelkinder haben es in vieler Hinsicht gut: Sie brauchen weder die Liebe der Eltern noch materielle Güter mit anderen zu teilen. Die Eltern können sich ausschließlich um sie kümmern und haben deshalb viel Zeit für sie. Dennoch ist es nicht immer einfach, als Einzelkind aufzuwachsen. Wenn die Eltern etwas anderes zu tun haben, fühlt man sich ohne Spielkameraden manchmal doch sehr allein.
Außerdem konzentriert sich die Liebe der Eltern ganz auf dieses eine Kind, und so wird es leicht mit Zuneigung überhäuft. Es steht so sehr im Mittelpunkt elterlichen Interesses, daß es oftmals überfordert ist, wenn es den zum Teil hochgeschraubten Erwartungen seiner Eltern entsprechen soll.
Vielleicht wird ihm auf Dauer die besondere Nähe, die man nur zu Geschwistern entwickeln kann, doch fehlen.
Einzelkinder haben viel mit Erstgeborenen gemein, die auch einmal, wenn auch nur vorübergehend, alleiniges Kind der Familie waren. Forschungen haben gezeigt, daß beide dazu neigen, Musterkinder zu sein; sie sind gehorsam, übernehmen gerne früh Verantwortung und geben sich Mühe, den Erwachsenen zu gefallen. Ferner fühlen sie sich in der Gesellschaft von Erwachsenen wohl und wenden sich an sie, wenn sie Probleme haben.
Auf Grund der Tatsache, daß sie nie erlebt haben, was es heißt, mit Geschwistern auskommen zu müssen, stellen Einzelkinder oft hohe Erwartungen an das Leben und an ihre Mitmenschen. Viele haben es, da sie immer die ungeteilte Aufmerksamkeit und Fürsorge ihrer Eltern genossen haben, als besonders schwer empfunden, sich zu einem verantwortlich handelnden Erwachsenen zu entwickeln, der in der Lage ist, tiefe und dauerhafte menschliche Bindungen einzugehen.

Henrik

Der siebenjährige Henrik ist ein Einzelkind. Wie er sich entwickelt hätte, hätte er Geschwister gehabt, läßt sich natürlich nicht sagen. Aber sicher ist er in vieler Hinsicht dadurch geprägt worden, daß er das einzige Kind seiner Eltern ist; Henrik ist schon sehr selbständig, besitzt viel Phantasie und ist gerne mit seinen Eltern zusammen. Sie beschäftigen sich auch viel mit ihm und nehmen ihn auf Reisen mit. Abends, wenn Gäste kommen, darf er noch aufbleiben, und viele Erwachsene sind erstaunt, wie selbstbewußt er auftritt und wieviel er schon weiß.
Obwohl gleichaltrige Kinder Henrik, der die Gesellschaft Erwachsener gewohnt ist, manchmal langweilig erscheinen müssen, ist es doch sehr nötig, daß er mit ihnen spielt.

Einzelkinder

Emily ist vier Jahre alt und hat keine Geschwister. Für sie ist es nicht einfach, auf andere Kinder zuzugehen. Jedesmal, wenn ihre Mutter sie mit neuen Spielkameraden zusammenbringen will, fällt es Emily schwer, sich von ihrer Mutter zu trennen; erst nach langem Zögern spielt sie eine Weile mit den anderen. Nur kurze Zeit darauf läuft sie wieder zu ihrer Mutter und hört den Gesprächen der Erwachsenen zu. Bald kommt Emily in die Grundschule, und da wird sie bestimmt Kinder zum Spielen finden und sich an ihre Gegenwart gewöhnen.

Dem Ausdruck ihrer Augen nach zu urteilen ist Suzanne älter als sechs Jahre. Sie hat in den wenigen Jahren ihres Lebens schon viele Probleme verarbeiten müssen.

Das mittlere Kind

In Familien mit drei Kindern hat es das zweite Kind nicht immer leicht. Das erstgeborene erfährt besondere Beachtung durch die Eltern, weil das Erlebnis seiner Geburt für sie etwas ganz Neues und Aufregendes war. Das jüngste wiederum verdient den besonderen Schutz der Eltern und wird deshalb gut behandelt. Das zweite Kind hingegen benötigt weder ein hohes Maß an Zuwendung, noch ist seine Ankunft in irgendeiner Weise für seine Eltern »aufregend«, denn seine Entwicklung stellt nichts grundlegend Neues mehr für sie dar. Deshalb muß es sich seinen Platz in der Familie immer wieder neu erobern.
Wird das zweite Kind viele Jahre nach dem ersten geboren, hat es eine ähnliche Position wie das erste. Ist es das einzige Mädchen zwischen zwei Brüdern, kann es ebenfalls der Aufmerksamkeit seiner Umgebung sicher sein.
Viele mittlere Kinder erobern sich durch besonderes Verhalten einen Platz in der Familie: Sie wirken ausgleichend bei Streit oder geben sich besonders brav, um von den Eltern belohnt zu werden.

Darcy ist drei Jahre alt. Ihr älterer Bruder Quentin ist schon sehr selbstsicher und geschickt, und ihre kleine Schwester Jocelyn, das Baby, wird von allen geliebt. »Und was ist mit mir?« scheint sie manchmal zu fragen.

Manchmal wirkt Darcy richtiggehend verloren. Es sieht so aus, als suche sie nach etwas: ihre Augenbrauen sind zusammengezogen, und sie stützt den Kopf auf. Sie scheint angestrengt nachzudenken.

Samantha – ein mittleres Kind

Welche von diesen drei Schwestern ist die mittlere? Das ist schwer zu erkennen. Tatsächlich sind die drei nicht nur vom Alter her nah zusammen. Sie spielen viel miteinander, haben ihren gemeinsamen Spaß und teilen eine Menge Geheimnisse. Eigentlich kann man sie kaum auseinanderhalten. Aber ihre Mutter erzählt, daß Samantha, die mittlere, oft zu den Eltern gelaufen kommt, damit sie sie in den Arm nehmen und ihr so ihre Liebe zeigen.

Halbgeschwister

Wenn Eltern nach Todesfällen oder Scheidungen einen anderen Partner heiraten, müssen Kinder sich an Stiefeltern und in vielen Fällen auch an Halbgeschwister gewöhnen. Kommen aus dieser Verbindung weitere Kinder hinzu, wird die Situation noch komplizierter. Oft sind die Altersunterschiede zwischen den Halbgeschwistern erheblich, und sie müssen lernen, miteinander auszukommen, selbst wenn sie sich bis dahin nicht gekannt haben. Nicht selten kommt es deshalb in solchen Familien zu Eifersüchteleien unter den Kindern.
Vor allem Einzelkinder können sich durch plötzlich hinzugekommene Geschwister leicht bedroht fühlen. Mitunter dauert es lange, bis sie sich aneinander gewöhnt haben. Ist es für Kinder schon schwer genug zu erleben, daß ihre Mutter oder ihr Vater mit einem neuen Partner zusammenlebt, so haben sie darüber hinaus in der ersten Zeit kein leichtes Leben, wenn sie sich mit neuen Geschwistern arrangieren müssen. Es bedarf großer Geduld und Liebe, aber auch einer Menge Beweglichkeit und Einfühlungsvermögen, um so die schwierigen Situationen zu meistern und zu einer harmonischen familiären Gemeinschaft zu finden.

Der fünfjährige Chris zieht – wie schon oft – mit seinem Charme und seiner Tolpatschigkeit die Aufmerksamkeit der ganzen Familie auf sich. Vater, Mutter, seine zehnjährige Schwester und seine beiden Halbbrüder, die fünfzehn und siebzehn sind, folgen gespannt jeder seiner Bewegungen.

Adoptivkinder

Adoptivkinder verhalten sich gegenüber Geschwistern zumeist in der gleichen Weise wie leibliche Kinder. Wenn es Eltern gelingt, ihre Adoptivkinder nicht spüren zu lassen, daß sie keine leiblichen Kinder sind, werden diese keine Eifersucht gegenüber den Geschwistern empfinden. Schwierigkeiten können allerdings dadurch entstehen, daß Eltern nach einem adoptierten Kind ein eigenes bekommen, besonders dann, wenn eines der beiden Kinder aus einem anderen Kulturkreis stammt.

Sicher gibt es mit Adoptivkindern so manche Probleme. Aber die dreieinhalbjährige Victoria und ihr einjähriger Bruder Michael haben ein sehr gutes Verhältnis zueinander. Beide stammen aus Korea und kamen schon mit wenigen Monaten zu ihren Eltern.

Zwillinge

Ob eineiig oder zweieiig – Zwillinge teilen vom Tag ihrer Zeugung an alles. Daraus entsteht eine seelische Bindung, die entschieden tiefer geht als sonst unter Geschwistern. Zwillinge bedienen sich oft einer eigenen Sprache, die nur sie selbst verstehen. Sie sind froh, wenn sie zusammen sind, und haben deshalb auch viel weniger Angst als andere Kinder, wenn die Eltern einmal fortgehen und sie von einem Babysitter beaufsichtigen lassen.

Auch der Tag, an dem sie in den Kindergarten kommen und somit über längere Zeit von der Mutter getrennt werden, ist für sie leichter zu verkraften.

Zwillinge aufzuziehen ist keine leichte Aufgabe, vor allem dann nicht, wenn man außer ihnen noch weitere Kinder hat, um die man sich ebenfalls kümmern muß.

Eine gewisse Gefahr liegt darin, Zwillinge sozusagen als Einheit zu betrachten. Schon als Babys müssen sie zur selben Zeit versorgt und zu Bett gebracht werden. Zwar ziehen viele Eltern ihre Zwillinge nicht mehr gleich an, aber sie behandeln sie noch gleich, weil es bequemer ist. In gewissem Maße ist dies auch notwendig. Man sollte jedoch darauf achten, daß Zwillinge eigenständige Menschen werden und deshalb auch immer wieder als Individuen gesehen und entsprechend behandelt werden müssen.

Tatjana und Marina sind neun Monate alte eineiige Zwillinge. Während sie auf ihr Essen warten, spielen sie mit einer Stoffpuppe, die sie hin- und herziehen.

Auch im Alter von vier Jahren sind sie noch unzertrennlich.

Wie geht man mit Zwillingen um?

Nach der Geburt von Zwillingen ist es geradezu unerläßlich, daß der Vater die Mutter bei der Pflege der Kinder unterstützt. Meistens müssen sie zur selben Zeit gefüttert und versorgt werden, und das kann von einer Person allein kaum bewältigt werden. Andrew und Jonathan sind vier Monate alt. Obwohl sie keine eineiigen Zwillinge sind, sehen sie sich doch sehr ähnlich.

Brooke und Sean sind von ganz unterschiedlichem Temperament; trotzdem vertragen sie sich sehr gut und spielen viel zusammen. Brooke liebt Puppen über alles, während Sean eher wild und überaus aktiv ist. Die Eltern achten mit großem Gespür darauf, daß beide Kinder ihre Eigenarten und Interessen voll entwickeln können.

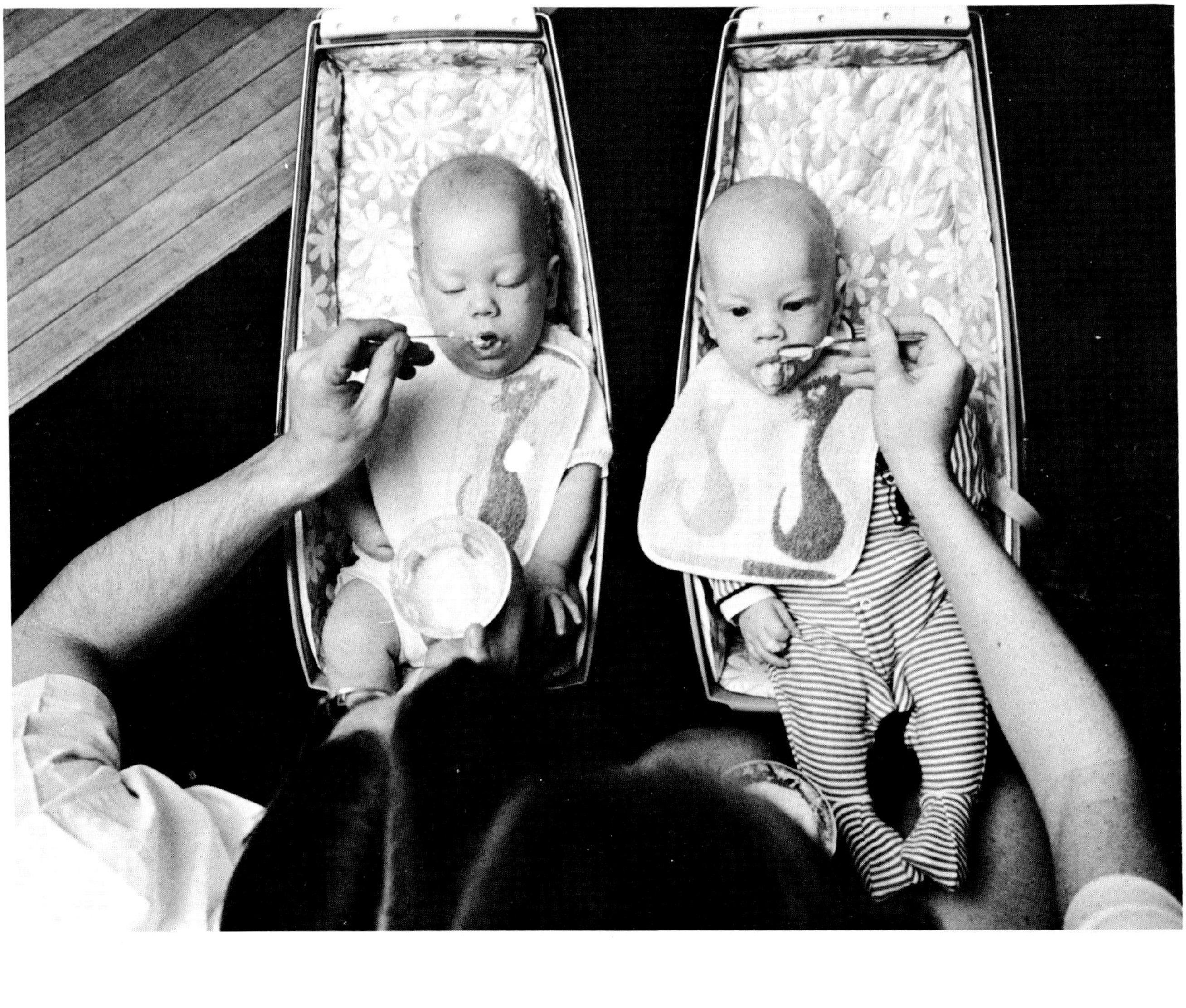

Zweieiige Zwillinge

Die fünfjährigen Zwillinge Deborah und Jillian wachsen unterschiedlich schnell. Bald werden sie gar nicht mehr wie Zwillinge aussehen. Dies finden beide ganz natürlich, denn ihre Eltern haben sie stets dabei unterstützt, jeweils eine eigene Persönlichkeit zu entwickeln.

Preston und Kenton sind viereinhalb und unternehmen viel zusammen. Das ist jedoch nicht immer ganz unproblematisch, da ihre Entwicklung in unterschiedlichen Schüben verläuft und sie nicht alles zur selben Zeit gleich gut können. Kann der eine von ihnen schneller laufen als der andere, fühlt sich dieser so lange unglücklich, bis er es dem Bruder wieder gleichtun kann. Hierdurch entstehen leicht Zwänge.

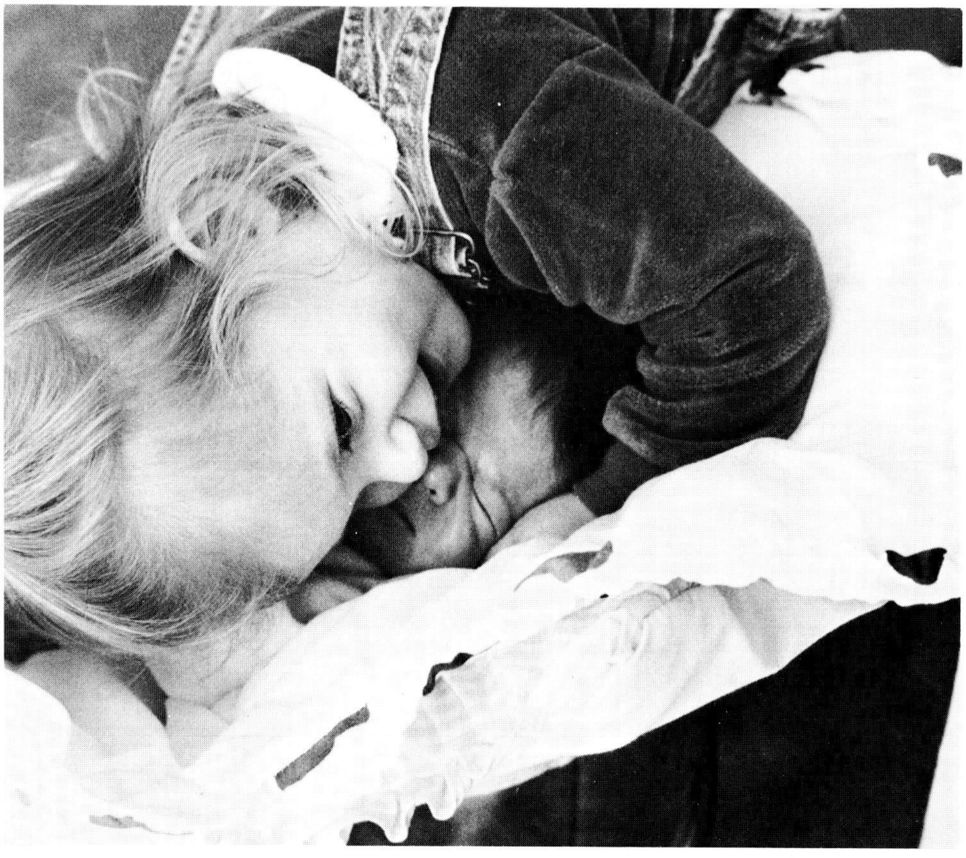

Altersunterschiede zwischen Geschwistern

Gibt es einen idealen Altersabstand zwischen Geschwistern? Wann ist ein Kind in der Lage, die Geburt eines Bruders oder einer Schwester zu verkraften? Sollten Geschwister kurz nacheinander geboren werden, oder ist es vielleicht besser, wenn der Abstand zwischen ihnen größer ist?
Auf all diese Fragen gibt es keine Patentlösungen, denn schließlich ist jedes erstgeborene Kind anders. Und selbst gleichaltrige Kinder brauchen noch lange nicht dieselbe seelische Reife zu haben, da sich jedes von ihnen unterschiedlich schnell entwickelt.
Von Psychologen erhalten Eltern immer wieder den Rat, zwischen dem ersten und dem nachfolgenden Kind mindestens drei Jahre zu warten. Dann nämlich hat jedes Kind Zeit genug, eine feste Bindung zu seinen Eltern zu entwickeln. Auf dieser Basis kann es sich langsam von ihnen lösen und erreicht einen gewissen Grad der Unabhängigkeit, womit der Grundstein für eine eigenständige Persönlichkeit gelegt ist.
Kinder hingegen, zwischen denen nur ein geringer Altersunterschied besteht, müssen andauernd um die Zuneigung ihrer Eltern kämpfen und befinden sich somit in einer ständigen Konkurrenzsituation; eifersüchtig schielt jedes von ihnen auf die Erfolge des anderen. Geradezu berühmt ist das Beispiel der Brüder William und Henry James, die im Abstand von nur fünfzehn Monaten zur Welt kamen und ihr Leben lang Rivalen blieben.
Auf der anderen Seite liegen in einem geringen Altersunterschied auch manche Vorteile. Diese Kinder haben eine Menge gemeinsamer Erlebnisse und oft die gleichen Interessen, woraus sich eine lebenslange Freundschaft entwickeln kann.
Ehepaare, die erst Kinder bekommen haben, wenn sie schon über dreißig sind, glauben oft, keine Zeit mehr verlieren zu dürfen und die Kinder möglichst schnell hintereinander bekommen zu müssen.
Solche Kinder haben es nicht immer leicht. Für sie ist es – ebenso wie für Zwillinge – schwer, ihre eigene Identität zu finden. Um sie selbst zu werden, müssen sie sich nämlich nicht nur von ihren Eltern lösen, sondern auch von den Brüdern und Schwestern, mit denen sie, seit sie auf der Welt sind, immer sehr nah zusammen waren.
Das andere Extrem bilden Geschwister, die durch viele Jahre voneinander getrennt sind. Solch gravierende Altersunterschiede lassen sich häufig auf äußere Umstände zurückführen; oder aber es kommt vor, daß Eltern sich erst ein zweites Kind zutrauen, wenn das erste einigermaßen herangewachsen ist.
Da es heutzutage immer wieder vorkommt, daß Eltern sich scheiden lassen und andere Partner heiraten, stellt es nichts Außergewöhnliches mehr dar, Halbgeschwister zu haben, die wesentlich jünger bzw. älter sind.
Die folgenden Bilder zeigen Geschwister, deren Altersunterschied zwischen dreizehn Monaten und dreizehn Jahren liegt.

Ein Jahr Altersunterschied

Schade, daß man nicht erfahren kann, wie die dreizehn Monate alte Julia über ihre kleine Schwester Olivia denkt. Die meiste Zeit streichelt, umarmt und küßt sie das Baby. Natürlich kann sie nicht verstehen, daß ihre Liebkosungen dem Schwesterchen mitunter auch weh tun können. Julias Eltern sind jedoch sehr einfühlsam und machen ihr keine Vorwürfe, wenn sie das Baby manchmal etwas unsanft behandelt.

Zwei Jahre Altersunterschied

Auf diesem Foto ist Chrissy zwei Jahre alt. Ob sie wohl schon versteht, woher ihre kleine Schwester Pegge kommt? Auf jeden Fall macht sie einen zufriedenen Eindruck und scheint sich auch für das Baby zu interessieren. Erst vor kurzem hat sie sich die Flasche abgewöhnt, aber jetzt nutzt sie jede Gelegenheit, um an der Flasche von Pegge zu saugen. Viele Kinder verhalten sich in vergleichbaren Situationen ähnlich, und Erwachsene, die »zur Flasche greifen«, wenn es ihnen schlecht geht, tun im Grunde nichts anderes.

Drei Jahre Altersunterschied

Besser als die zweijährige Chrissy versteht Bonnie, die drei Jahre alt ist, was es mit einem Baby auf sich hat. Sie behandelt ihre kleine Schwester mit großer Zärtlichkeit.

Dreieinhalb Jahre Altersunterschied

Der dreieinhalbjährige Johnny hat seiner Mutter im Laufe ihrer Schwangerschaft und nach der Ankunft des Babys viele Fragen gestellt. Dennoch macht er manchmal den Eindruck, als sei seine Neugier noch lange nicht befriedigt. So möchte er nicht in den Kindergarten gehen, sondern lieber bei der Mutter und seiner kleinen Schwester Debbie bleiben. Seine Mutter hat seinem Wunsch nachgegeben, denn sie glaubt, daß Johnny, wenn er sich erst an das Baby gewöhnt hat, ebenso selbständig wie früher sein wird.

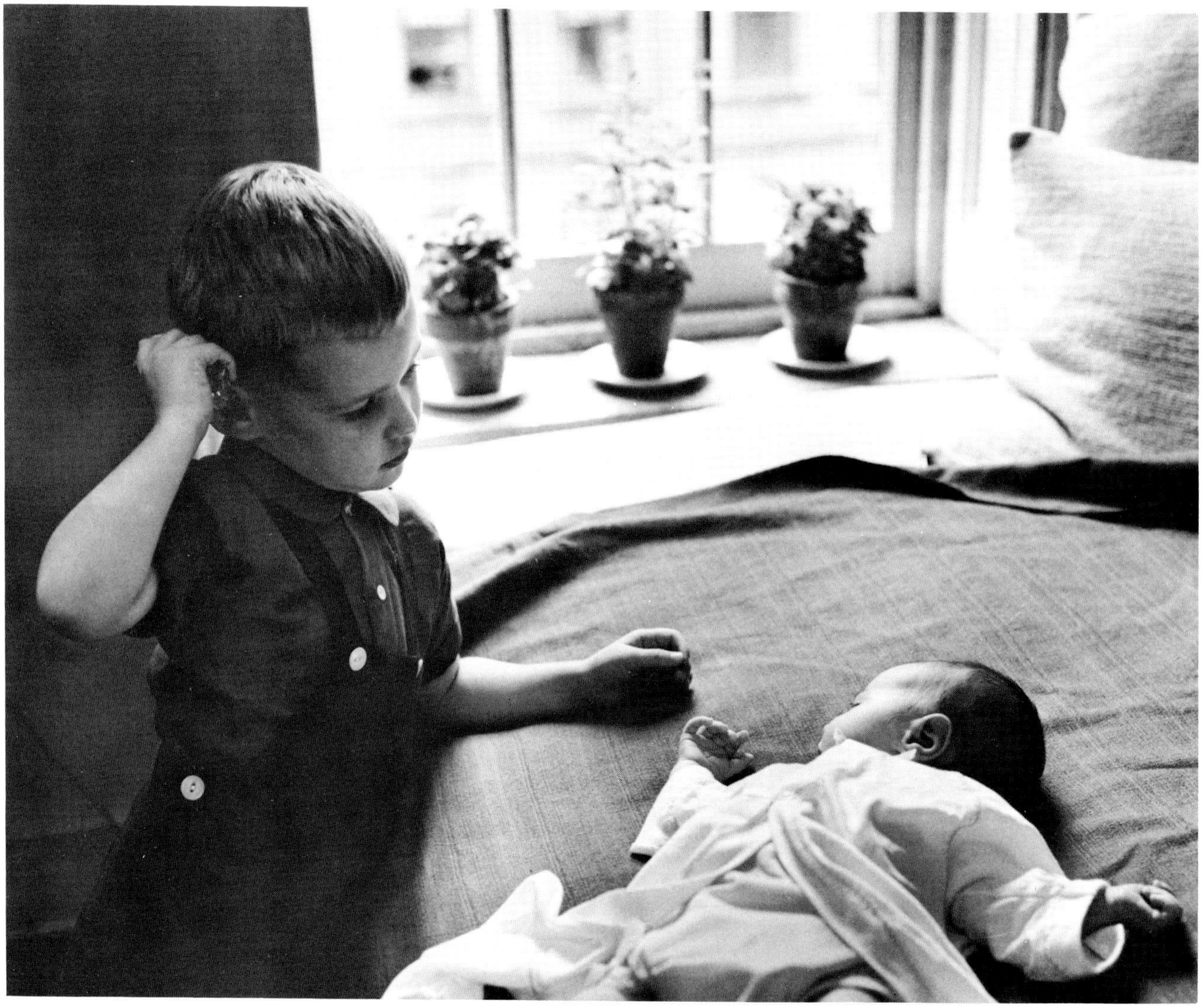

Vier Jahre Altersunterschied

Der vierjährige Steven ist seit der Geburt der kleinen Robin nervös und leicht reizbar. Sobald sein Vater das Baby auf dem Arm oder dem Schoß hat, versucht Steven mit allen Mitteln, die Aufmerksamkeit auf sich zu lenken.

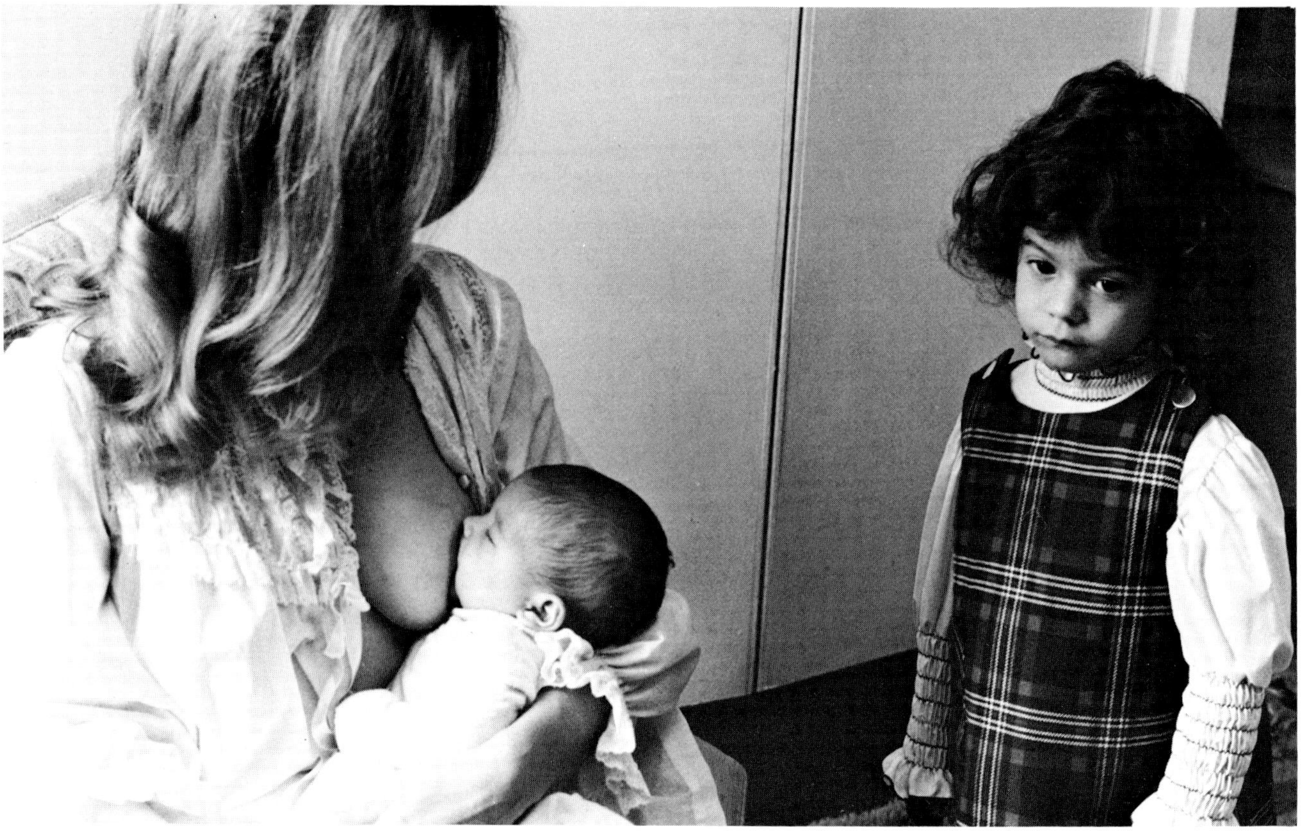

Fünf Jahre Altersunterschied

Seit der Geburt ihrer kleinen Schwester ist die fünfjährige Joëlle sehr still geworden. Die Zeit, in der das Baby gefüttert wird, kommt ihr beinahe endlos vor. Sie steht da und wartet und kann sich nicht entschließen, ob sie spielen gehen soll oder nicht. Die Eltern achten darauf, daß sie Joëlle genügend Zeit widmen, damit sie ihre Schwierigkeiten leichter überwinden kann.

Sieben Jahre Altersunterschied

Geschwister, die um viele Jahre älter sind als das nächstjüngere Kind, spielen fast automatisch eine elternähnliche Rolle bei den jüngeren Brüdern und Schwestern. Oft vermitteln sie zwischen diesen und den Eltern und genießen es, wie Erwachsene handeln zu können, ohne jedoch die letzte Verantwortung übernehmen zu müssen.
Die elfjährige Kerry tröstet gerade ihre vierjährige Schwester Kathy, die sich vor einem Gewitter fürchtet. Kerry hat sich stets sehr liebevoll um ihre kleinen Geschwister gekümmert, und als sie erwachsen war und heiratete, wäre Kathy am liebsten mit ihrer Schwester in deren neues Zuhause gezogen.

Zehn Jahre Altersunterschied

Darrell ist zehneinhalb Jahre alt, und es macht ihr großen Spaß, Talbot zu füttern. So ein Baby ist doch um vieles schöner als jede Puppe! Darrells Mutter freut sich, daß ihre Tochter ihr so viel und gerne hilft.

Zwölf Jahre Altersunterschied

Jane ist fünfzehn, ihre Schwester Rhoda drei Jahre alt. Die beiden verstehen sich blendend. Rhoda hat außerdem noch einen großen Bruder und sehr liebevolle, aufgeschlossene Eltern. Wenn Jane in ein paar Jahren ins College geht, wird Rhoda sie nicht allzusehr vermissen, denn dann kommt sie in die Grundschule und wird dort sicher Freunde finden.

Neun und elf Jahre Altersunterschied

Die Teenager Katherine und Heather sind schon so groß, daß sie am Beispiel ihres Bruders bewußt erleben können, was kleine Kinder sind. Der fünfeinhalbjährige Jonathan hat es gut bei seinen großen Schwestern. Äußert er einmal einen Wunsch, erfüllen sie ihn ihm in den meisten Fällen. Zuerst fragt er sie, ob sie ihm einen Gefallen tun wollen, danach wird er zärtlich und umarmt sie – und schon geben sie nach. Dieses Mal sind sie mit ihm auf den großen Spielplatz im New Yorker Central Park gegangen und verbringen dort gemeinsam einen lustigen Nachmittag.

Zwei Jahre Altersunterschied in verschiedenen Altersstufen

Bei einem dreijährigen und einem einjährigen Kind kann sich ein Altersunterschied von zwei Jahren ganz erheblich auswirken. Während der Junge unbedingt draußen spielen will, möchte seine kleine Schwester im Haus Verstecken spielen. Nach wem soll die Mutter sich richten?

Der gleiche Altersunterschied ist später kaum noch zu spüren: Rebekka und Amelia sind sechs und acht Jahre alt und freuen sich gemeinsam, wenn ihnen ihre Mutter eine Geschichte vorliest.

Zwei Jahre Altersunterschied in verschiedenen Altersstufen

Sandy und Alison, die knapp zwei Jahre auseinander sind, haben stets ein abwechslungsreiches Verhältnis zueinander gehabt. Manchmal waren sie sehr böse aufeinander, dann wieder ein Herz und eine Seele. Als sie ins Internat kamen, teilten sie sogar ihr Zimmer miteinander. So etwas kommt unter Geschwistern nur äußerst selten vor.

Als Kim, die jüngere Schwester, in die Schule kam, wurden sie und die zwei Jahre ältere Wendy Freunde. Inzwischen sind sie sechs und acht Jahre alt. Hier kümmern sie sich gerade gemeinsam um einen kranken Vogel, den sie im Garten gefunden haben.

Chrissy und ihre fünfjährige Schwester Pegge haben sich im Laufe der Jahre aneinander gewöhnt; sie spielen viel zusammen und teilen die meisten Erlebnisse miteinander.

Differenzen überwinden

Was können Eltern tun, um den Graben zu überwinden, der sich in bestimmten Entwicklungsstadien zwischen ihren Kindern auftut? Der sechsjährige Matthew setzt in letzter Zeit gerne Puzzles zusammen. Seine vierjährige Schwester Sonya versteht nicht, weshalb er sie dabei nicht mitspielen lassen will. Er hat doch sonst immer so viel Geduld mit ihr und ist so freundlich! Sie versucht, ein Puzzleteil einzufügen, bringt aber das Spiel durcheinander und verlegt einige Teile. Matthew wird daraufhin böse und würde Sonya am liebsten schlagen. Die Mutter hat bemerkt, daß die Kinder sich streiten. Soll sie Sonya zeigen, wie man mit einem Puzzle umgeht, oder soll sie das Mädchen einfach mit aus dem Zimmer nehmen? Sie findet einen klugen Kompromiß: Sie bleibt im selben Raum und liest Sonya ihre Lieblingsgeschichte vor. Jetzt kann Matthew ungestört sein Spiel beenden.

Im Grunde genommen gibt es bei jedem Altersunterschied zwischen Brüdern oder Schwestern Phasen, die schwierig sind, weil das ältere Kind durch Fortschritte in der Entwicklung beträchtlich über das andere hinauswächst.
Die achtjährige Sally kann sehr gut lesen. Ihre fünfjährige Schwester Jane lernt in der Grundschule gerade erst das Lesen. Mit Bewunderung und nicht ohne Neid hört sie Sally zu.

Wenn ein Kind dem anderen weit voraus ist

Auch in dieser Szene macht sich der Abstand zwischen dem dreijährigen Ira und seiner einjährigen Schwester Molly bemerkbar: Während Ira mühelos auf das Bett der Eltern klettern und dort in Ruhe spielen kann, steht die kleine Molly hilflos an der Bettkante und kann nicht hinterher!

Die Geschichte von Aram und Zoe

Als Zoe Taleporos am 23. Oktober 1979 geboren wurde, war ihr Bruder Aram vier Jahre alt. Suzanne Szasz hat viele Fotos von der Familie Taleporos gemacht und dabei auch Zoes erste Lebensjahre, beginnend mit Elizabeths Schwangerschaft, festgehalten.

Als Aram drei Jahre alt war, wurde ich schwanger. Ich habe mir lange den Kopf darüber zerbrochen, wie ich es ihm am besten erklären sollte. Babys interessierten ihn nämlich nicht besonders. Zwar hatte er mir einmal gesagt, daß er gerne ein Geschwisterchen hätte, aber ebenso gerne wollte er eine Katze haben. Als ich zum ersten Mal von dem Baby sprach, war seine Reaktion sehr ermutigend für mich. »Genau, was ich haben wollte«, rief er voll Begeisterung. Er bestand darauf, daß die Sache mit dem Baby seine Idee gewesen sei, aber dann änderte er schnell seine Meinung: »Ich glaube, eine Katze wäre doch besser.« Ich sagte ihm, daß es keine Katze, sondern ein Baby sein würde und daß sich daran nichts ändern ließe. Daraufhin stellte Aram eine Menge Fragen. Wo das Baby schlafe und was es esse, ob es ihm seine Spielsachen wegnehmen würde, ob das Baby ihm gefallen und ob es ihn wohl gern haben würde? Später, als meine Schwangerschaft deutlich sichtbar wurde, wollte Aram alles Mögliche über Empfängnis und Geburt wissen. Ihn interessierte, wie das Baby atme, warum es nicht ertrinke, ob es schon etwas hören könne und wie es überhaupt herauskommen würde. Daraufhin zeigte ich ihm Bilder von Embryos, die im Mutterleib wachsen. Ich erklärte Aram, daß Mann und Frau zusammen Kinder zeugen. Er gab sich mit diesen wenigen Erklärungen zufrieden und fragte nicht mehr, als ich ihm hätte sagen können.
Manchmal befühlte Aram meinen Bauch, um herauszufinden, ob das Baby sich bewegte, ob es gegen die Bauchdecke trat oder einen Schluckauf hatte. Außerdem spielte er großer Bruder oder Mutter. In dieser Zeit beschäftigte er sich aber auch viel selbst und wurde nur dann unwillig, wenn ich schnell ermüdete und ihn nicht auf den Arm nehmen konnte. »Man wird unheimlich dick und auch noch krank, bevor das Kind herauskommt«, sagte er zu einem Freund, der wissen wollte, was eine Schwangerschaft ist.

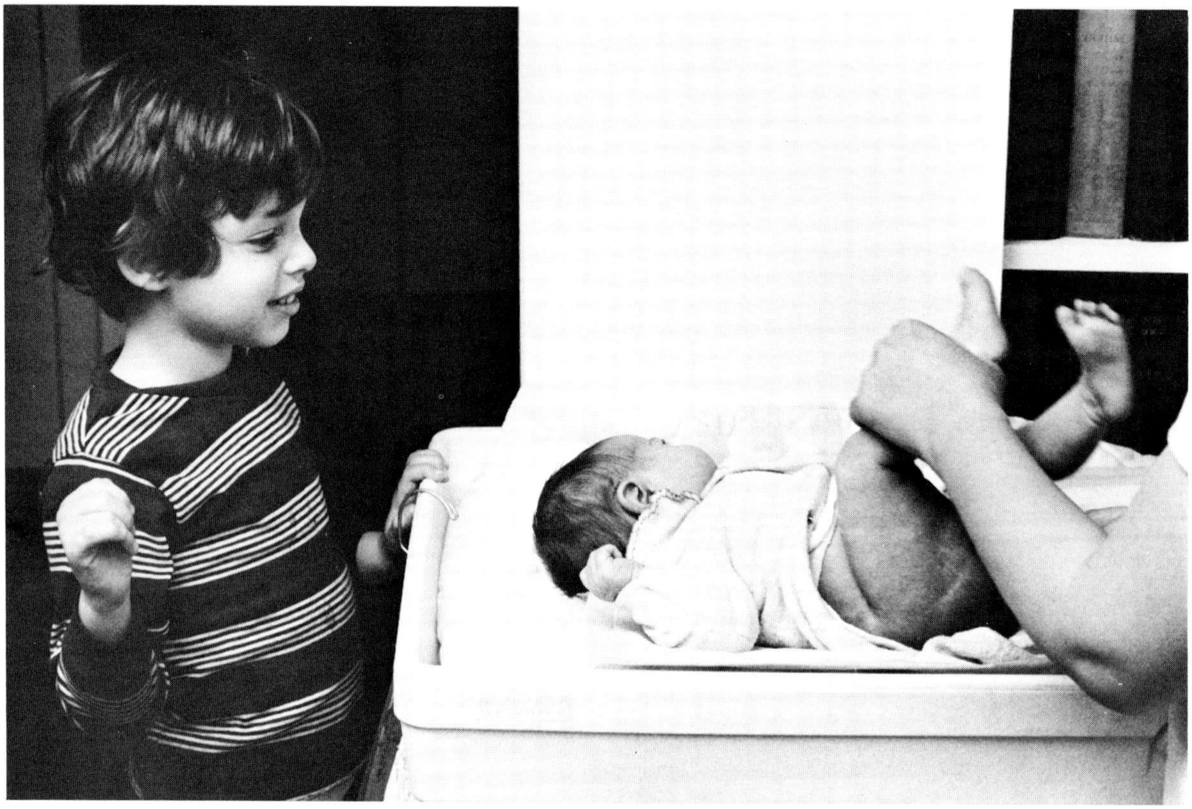

Die ersten Wochen

In den ersten Wochen unterhielten wir uns ausführlich mit Aram über die Zeit, in der er selbst ein Baby war. Wir erzählten ihm, was wir mit ihm gemacht hatten, und zeigten ihm Fotos, auf denen er dieselben Kleider trug wie Zoe jetzt. Aram schaute zunächst ganz interessiert zu, wenn Zoe gewickelt wurde, und durfte immer dabei helfen. Nach einer Woche nahm sein Interesse jedoch schon deutlich ab. Er hatte eine eigene Babypuppe, die er fütterte, wenn Zoe zu trinken bekam. Er wickelte »sein Baby«, ließ es Bäuerchen machen, sang ihm etwas vor, und manchmal schimpfte er mit ihm.
Ab und zu fragte mich Aram, ob ich ihn immer noch so gern hätte wie früher. Aber letzten Endes schien ihm diese Frage kein allzu großes Kopfzerbrechen zu bereiten. Manche Eltern erwarten von ihrem Kind so starke feindselige Gefühle gegenüber einem Baby, daß sie ihm geradezu einreden, es hasse das Baby und sei eifersüchtig auf das Neugeborene; und das, bevor es von selbst auf solche Gedanken gekommen wäre. Ohne Frage mußten wir uns alle auf die neue familiäre Situation einstellen. Wir waren eine größere Familie geworden, und Aram war nun nicht mehr unser einziges Kind. Das änderte sein Leben von einem Tag auf den anderen und ließ sich nicht rückgängig machen.

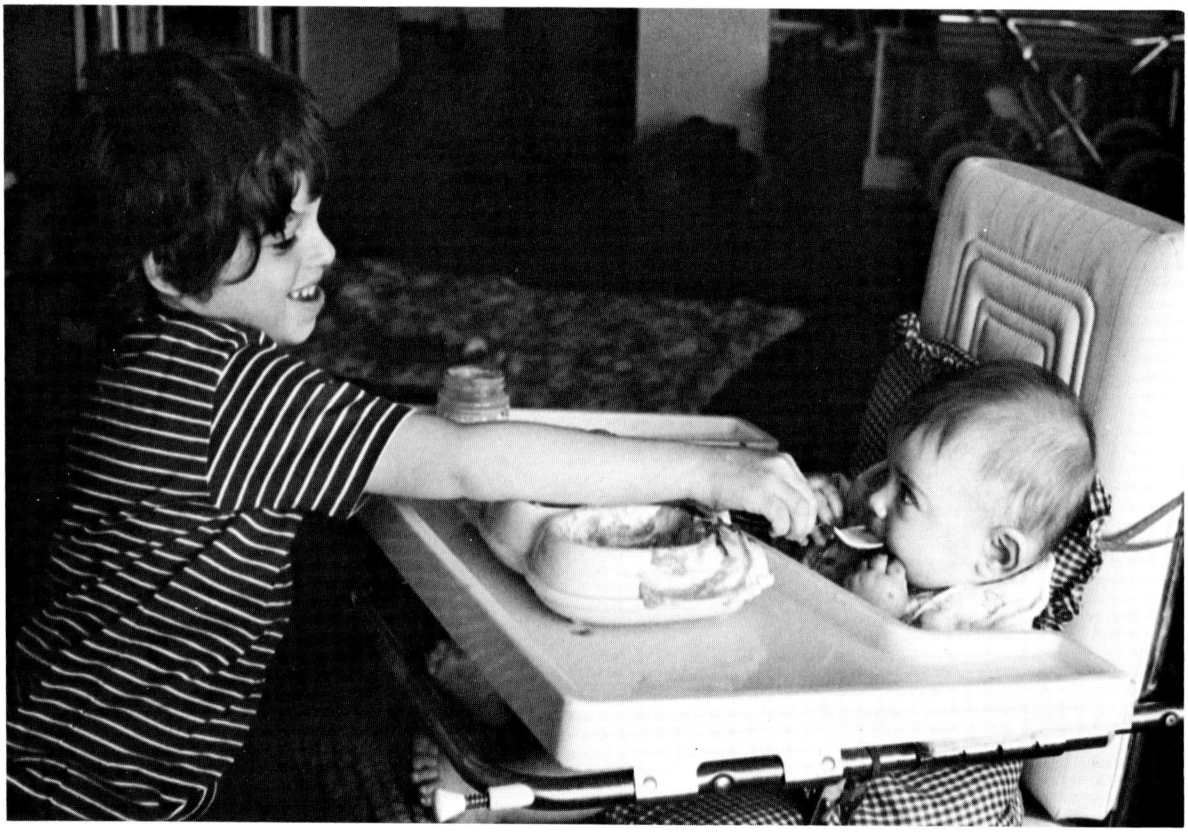

Aram freut sich über Zoe

Mit der Zeit wurde Zoe ein fröhliches, munteres und unternehmungslustiges Baby, das seinem Bruder viel Freude machte. Er konnte mit ihr spielen, ohne befürchten zu müssen, sie würde in seine Domäne eindringen. Besonders die Mahlzeiten waren lustig. Zoe saß in ihrem Babysitz und sah uns beim Essen zu, oder sie aß selbst. Dabei ging es nur selten sauber und ordentlich zu. Wann immer Aram seiner Schwester beim Essen helfen wollte, erlaubte ich es ihm. Manchmal wollte Zoe nicht, daß Aram sie fütterte; im allgemeinen machte es beiden jedoch viel Spaß, und sie kamen sich dabei sehr nahe. Für mich war es wunderbar, einen so guten Helfer zu haben, wenn ich noch kochen mußte oder anderweitig beschäftigt war.

Zoe wird unabhängig

Besonders schön war immer das gemeinsame Bad der Kinder. Sie plantschten und spritzten mit Wasser, lachten und kitzelten sich gegenseitig. Immer erfanden sie neue, lustige Spiele. Manchmal mußte Aram sich vor Zoes festem Griff in acht nehmen, denn mitunter konnte sie auch ganz schön »rabiat« werden. Dennoch bereiteten ihm diese Spiele sehr viel Freude.
Aram war sehr geduldig und freundlich zu seiner Schwester. Vor ihrer Geburt hatte er manchmal befürchtet, sie würde ihm vielleicht weh tun, und war deshalb ganz erleichtert, als sich dies als Irrtum erwies. Zoe durfte ihn rauh anfassen, ihn an den Haaren ziehen und sogar seinen Mund mit ihren kleinen Händen befühlen. Ich beobachtete die beiden aus dem Hintergrund, obwohl ich eigentlich nie Angst hatte, daß Zoe ihren Bruder verletzen könnte. Wenn Zoe von Aram nicht in den Arm genommen werden wollte oder Angst hatte zu fallen, rief sie mich.

Ein Kind zu haben ist bestimmt einfacher als zwei. Man muß sich dann um zwei Wesen kümmern und immer Rücksicht darauf nehmen, daß man es dabei mit zwei verschiedenen Persönlichkeiten zu tun hat. Vor allem Aram durften wir nicht vernachlässigen, da er daran gewöhnt war, uns ganz für sich zu haben.
An den Wochenenden teilten mein Mann und ich uns die Arbeit. Manchmal unternahm ich zusammen mit Aram etwas Besonderes, manchmal tat dies mein Mann. Wir wechselten uns dabei ab. So konnte jeder von uns das Baby für sich allein genießen, ohne gleichzeitig befürchten zu müssen, daß Aram zu kurz kam.

Aram und Zoe zanken sich

Als Zoe größer wurde, konnten die Kinder immer mehr miteinander anfangen, und sie spielten viel zusammen. Sie hatten gemeinsame Spielsachen und lernten mit der Zeit, zu teilen und Sachen zu tauschen, was für kleine Kinder gar nicht so einfach ist.
Der erste große Streit zwischen den beiden brach bei einem Ausflug ans Meer aus. Zoe hatte Aram den Sandeimer weggenommen.
Aram schrie seine Schwester wutentbrannt an und rief um Hilfe.
Auch bei den folgenden Malen reagierte er in ähnlicher Weise. Glücklicherweise schlug er Zoe fast nie. Meistens wurde der Streit zwischen den beiden durch Zoe ausgelöst. Sie verstand einfach nicht, daß sie nicht an Arams Sachen gehen sollte und ihm nicht weh tun durfte, wenn sie bestimmte Gegenstände haben wollte. Sie brauchte eine ganze Weile, um dies zu lernen.

Besuch bei den Großeltern

Aram liebt seine Großeltern sehr. Als Zoe geboren wurde, kümmerten sie sich äußerst liebevoll um ihn. Immer dachten sie sich neue Überraschungen für ihn aus.

Später, als beide Kinder zu meinen Eltern zu Besuch fuhren, entwickelte auch Zoe ein sehr gutes, wenn auch ganz anderes Verhältnis zu ihnen. Wenn ich kam, um die Kinder wieder abzuholen, waren sie beide immer sehr glücklich und ein wenig aufgedreht. Einmal zeigte Aram mir einen Zahn, den er verloren hatte. Zoe, die es ihrem Bruder gleichtun wollte, tat so, als sei auch ihr ein Zahn ausgefallen.

Das erste Jahr

Bei Zoes erstem Geburtstag waren mein Mann und ich erleichtert, dieses erste, nicht ganz einfache Jahr gut hinter uns gebracht zu haben. Wir waren eine richtige Familie geworden und hatten uns alle gut in die neue Situation hineingefunden.
Spontan wie sie war, faßte Zoe nach der Kerze auf dem Geburtstagskuchen – und verbrannte sich den Finger. Wir trösteten sie über ihr Mißgeschick. Nun hatte auch sie ihre erste Erfahrung mit Feuer gemacht. Aram zeigte ihr dann als der stolze große Bruder, wie man Kerzen ausbläst.
An ihrem zweiten Geburtstag war Zoe schon viel weiter. Sie wollte alles selbst machen, und nachdem sie die Kerzen ausgepustet hatte, bestand sie darauf, daß sie wieder angezündet wurden, denn sie wollte sie immer wieder ausblasen.
Ich beobachtete meine Kinder an diesem zweiten Geburtstag von Zoe und dachte darüber nach, wieviel sich in den letzten zwei Jahren in ihren Leben ereignet hatte. Beide übertrafen sich gegenseitig an Fröhlichkeit und Humor. Aber auch ihr Streit war ernster geworden, denn sie standen oft im Wettbewerb miteinander.
Ihre Spiele wurden komplizierter und zeugten gleichzeitig von wachsender Intelligenz. Zuerst hatten sie jeder für sich in demselben Zimmer gespielt. Als Zoe etwa drei Jahre alt war, begannen sie mit Rollenspielen, die sie ausgiebig und mit großer Intensität spielten.
Mit der Zeit brauchten sie beim Spielen auch nicht mehr die Aufsicht und Hilfe eines Erwachsenen, denn sie verstanden sich immer besser und wurden richtig gute Spielkameraden.

Was Kinder ohne Worte sagen – ein illustrierter Ratgeber für alle Eltern und Erzieher

In gleicher Ausstattung ist erschienen:

Suzanne Szasz
Körpersprache der Kinder
Vorwort von Dr. Benjamin Spock
Neuauflage. 160 Seiten, 192 Abbildungen.

Aus dem Inhalt:

Kinder und Kamera, Körperspiel, Ängste und Furcht, Schüchternheit, Schuld, Neugier, Wärme, Weigerung, Trotz, Liebe, Geschwisterrivalität, sexuelle Gefühle, Eifersucht, Ambivalenz, verdrängter Ärger, Leiden und Schmerz, Bestrafung, Langeweile, Ausgeschlossensein, Leistung, Lernen und Befriedigung, nicht-verbale Kommunikation, Nachahmung, Identifikation, Geschlechterrollen, Körpersprache der Eltern.

Pressestimmen:

»Eltern können mit diesem Buch lernen, wieder ein wenig genauer hinzusehen, auf Bewegungen und kleine Gesten zu achten, die soviel vom Seelenleben eines Menschen verraten.«
Nürnberger Nachrichten

»Suzanne Szasz versteht nicht nur einiges vom Fotografieren, sondern auch von Kindern und ihrem Innenleben. Auf diesem wie auf jenem Gebiet können Eltern bei ihr in die Schule gehen: in eine Schule des Sehens, der angewandten Sensibilität.«
Frankfurter Allgemeine Zeitung

»Das Buch erleichtert die Beobachtung des Kindes im Familienalltag. Für Eltern und Erzieher ist es eine Fundgrube der Kinderseele.«
Die Welt, Hamburg

LÜBBE